日常のなかの「フツー」を問いなおす

現代社会の差別・抑圧

植上一希
伊藤亜希子 編

法律文化社

はじめに

本書のねらい

社会のメンバーとして生きる私たちは，メンバーとしての権利を有しておりそれを基盤として社会生活を営んでいます。したがって，この社会生活を送っていくためには，社会のメンバーとしての自身の権利を侵害されないこと，そして他者の権利を侵害しないことを，メンバーの基礎的な能力として身につけなければなりません。

しかし，残念ながら現代社会において，権利侵害はさまざまな形で生じています。また，権利を権利として認識していないがゆえに，現在進行形で生じている権利侵害を認識しえないことも少なくありません。その結果，人として当たり前の権利すら奪われることも多くあるのです。

大学教員である私たちが，これから本格的に社会参画していく大学生のみなさんに必要だと考えるのは，この権利（侵害）についての知識です。権利（侵害）についての知識を豊かにすることで，自分らしく生きていくことや，他者とともによりよく生きていくことができると私たちは考えています。

では，権利（侵害）はどのように学ぶことができるのか。1つは，権利について学び，そのうえでその侵害のあり方をみていくという方法。そして，もう1つはその侵害について学ぶことで，権利のあり方をみていくという方法です。

本書がとるのは後者の方法です。権利侵害の中心としての差別・抑圧をテーマにすえ，それを「ひもとく」ことを通して，みなさんにこの社会のメンバーとして必須の能力＝権利を侵害されない・権利を侵害しないという能力の基本を身につけていってほしいと考えています。

本書の特徴

現代社会における差別・抑圧を多面的・総合的にみていくのが，本書の特徴です。世代も専門領域も異なる13人の研究者が，それぞれの専門分野の知見や立場を持ち寄り，ときには議論を戦わせながら，現代社会における差別・抑圧

i

について真剣に考えて本書をつくりました。書き手の知見や立場の違いもあるため文章に個性や違いも多々ありますが，むしろそれが社会の多様性を重視する本書の趣旨にもあっていると考えています。そのあたりの違いも比較しながら，大学生のみなさんが自分なりの差別・抑圧についての考えを，そしてさらには権利についての考えを磨いていってほしいというのが,私たちの思いです。

本書の構成と読み方

　差別・抑圧を多面的にみていくにあたって，本書は4部構成をとっています。差別・抑圧の主体・客体として身近な「青年」について扱う第1部からはじまり，差別・抑圧の種類・分類として第2部「貧困・高齢者・病」，第3部「性」を学びながら，最後にもう一度差別・抑圧の客体としての第4部「多文化共生」を扱う構成にしています。身近な問題から読み進めるなかで，最終的に他者の問題として扱いがちな問題も自分たちの問題として受け取っていくことを，構成のねらいとしていますが，各章は独立しているので興味・関心があるところから読んでもらってかまいません。

　なお，本書ではテーマの必要性に応じて差別・抑圧の具体的な事例も扱っています。それらを目にすることで，読者のなかにはショックを受けたり，不快な思いをしたりする人もいるかもしれません。そうした場合は，無理をしない形で読んでいただけたらと思います。

　また，私たちは本書を差別・抑圧を考える入門的な本として位置づけています。そのため，各章で扱うテーマについての本格的な検討については，各章の末尾に 📖 **読書案内**をつけたので，それらを参考にして学びを深めてほしいと思います。

著者を代表して　　植上 一希

目　次

はじめに ————————————————〔植上一希〕 i

序　章　差別・抑圧を学ぶということ ————————〔植上一希〕 1

1　差別・抑圧のイメージを変える ………………………… 1

2　差別・抑圧を対象とした研究 …………………………… 5

3　差別・抑圧について学ぶ意味 …………………………… 7

第1部　青　年

第1章　「大人になる」ことをめぐる差別・抑圧 ————〔植上一希〕 12

1　「大人になる」ことって？ ……………………………… 12

2　「大人になる」ことの困難化を把握しよう …………… 14

3　「大人になる」ことをめぐる差別・抑圧を知ろう …… 16

4　「大人になる」ことをめぐる差別・抑圧に対峙するために ……… 19

第2章　学びからの排除 ————————————〔添田祥史〕 22

1　現代日本における学びからの排除問題 ………………… 22

2　学びからの排除を生み出す要因 ………………………… 25

3　学びから排除されて社会を生きる ……………………… 28

4　学びなおしを保障する社会へ …………………………… 30

第3章　若者世界のなかでの抑圧 ————————〔山川荘一朗〕 33

1　文化世界と現実の関係 …………………………………… 34

2　平和な日常だけを描く「日常系」 ……………………… 37

3　現実世界から離脱していく「転生系」 ………………… 38

iii

4 おわりに ————————————————————————— 40

❖ コラム① 新聞奨学生が抱える問題 ———————————〔横山真〕 43

❖ コラム② 同和問題と若者 ————————————————〔笠原嘉治〕 45

第 2 部　貧困・高齢者・病

第 4 章　貧困による差別・抑圧 ————————〔白谷美紗樹〕 48
1 日本の人々がもつ貧困イメージを象徴する事例 ————————— 48
2 貧困とはどういう概念か ————————————————————— 49
3 偏った貧困イメージがもたらす差別・抑圧 ——————————— 52
4 日本全体に広がる貧困 ——————————————————————— 54
5 「自分の問題」としての貧困——「苦しい」を共有し合える社会へ ⋯ 58

第 5 章　高齢者への差別・抑圧 ————————〔ゴツィック, マーレン〕 59
1 高齢者の実態と高齢者差別 ——————————————————— 59
2 高齢者像・ステレオタイプ・高齢者差別（エイジズム） ———— 61
3 女性高齢者の住まい ——————————————————————— 66
4 高齢者像のステレオタイプを無くすためには ————————— 69

第 6 章　病による排除 ——————————————〔本多康生〕 71
1 ハンセン病と隔離政策 ——————————————————————— 71
2 フィールドワークの実践——ゼミ合宿でハンセン病療養所を訪問して ⋯ 73
3 ハンセン病問題と向き合う——自らへの問いとして受け止める ——— 81

❖ コラム③ 子どもの貧困問題 ————————————————〔渡邉晶帆〕 85

目 次

第3部　性

第7章　つくられる性————————〔藤田由美子〕88

　　1　ジェンダーということば ————————————— 88

　　2　女の子と男の子はつくられる ————————— 90

　　3　私たちの性——「セックス」が先か，「ジェンダー」が先か ———— 93

　　4　多様な性——性は「女」と「男」だけではない ———— 97

第8章　ジェンダーと教育————————〔藤田由美子〕102

　　1　学校から排除される女の子たち ————————— 102

　　2　「教育の機会均等」は実現したのか——大学進学を例に考える ——— 103

　　3　なぜ「異なる進路」を選ぶのか——教材と「隠れたカリキュラム」— 106

　　4　学校教育の結果として——「リケジョ」と「○○男子」————— 112

　　5　まとめにかえて ———————————————— 113

第9章　性の多様性————————————〔星乃治彦〕115

　　1　「性」は多様であること，自分の「性」を肯定すること ———— 115

　　2　各国首脳もフツーに同性愛 ————————————— 116

　　3　LGBT…… ——————————————————— 117

　　4　「同性愛者」の歴史をひもとく ————————— 119

　　5　課　題 ———————————————————— 124

❖ コラム④　女性と貧困————————〔白谷美紗樹〕127

第4部　多文化共生

第10章　外国人の排除————————————〔桧垣伸次〕130

　　1　法学的な観点から学ぶ意味 ————————————— 130

v

2 何が問題となっているのか ………………………………………… 131

3 憲法は外国人の権利を守っているのか ……………………………… 132

4 具体的な問題 ……………………………………………………………… 135

5 その他の問題 ……………………………………………………………… 140

第11章 ヘイト・スピーチによる差別・抑圧 ————〔桧垣伸次〕 142

1 何が問題か ………………………………………………………………… 142

2 なぜ「表現の自由」が重要なのか …………………………………… 143

3 ヨーロッパとアメリカ ………………………………………………… 145

4 日本におけるヘイト・スピーチ ……………………………………… 148

5 今後の課題 ………………………………………………………………… 152

第12章 外国につながる子どもたち ————〔伊藤亜希子〕 154

1 多様な背景をもつ人々が暮らす日本社会 ………………………… 154

2 外国につながる子どもたち …………………………………………… 156

3 外国につながる子どもたちが抱える課題 ………………………… 158

4 日本人とは「異なる」ことによる息苦しさに向き合う ………… 161

第13章 異文化の理解 ————————————〔伊藤亜希子〕 165

1 外国につながる人々の思いにふれる ………………………………… 165

2 私たちの基準をつくるものとしての文化 ………………………… 169

3 異文化間リテラシーとは ……………………………………………… 171

4 かれらの思いに向き合うことから考える異文化理解 ………… 173

終 章 差別・抑圧を乗り越えるために ————〔伊藤亜希子〕 177

1 差別・抑圧に向き合う ………………………………………………… 177

2 差別・抑圧を乗り越えるために ……………………………………… 180

3 「フツー」が生み出す「生きやすさ」と「生きにくさ」のなかで … 184

目　次

おわりに ————————————————————〔伊藤亜希子〕 187

執筆者紹介／編者紹介

序　章　差別・抑圧を学ぶということ

　差別・抑圧について学んでいくにあたり，そもそも差別・抑圧を学ぶことは大学生のみなさんにとってどのような意味があるのかについて，この章では考えていきましょう。

1　差別・抑圧のイメージを変える

　差別・抑圧を学ぶにあたって，まず必要なのは差別・抑圧に対するみなさんのイメージを変えることです。

(1)「差別はいけない」は誰でも知っていること？

　差別・抑圧について学ぶといったとき，今までの学びを思い出す人も多くいるでしょう。たとえば，次のような意見はその際，多く出てくるものです。

［1年生Aさん］「差別はいけない」ってことを学ぶだけなら，もう差別とかについて学ばなくていいかなって思います。だって，小学生のころから「差別はいけません！」って繰り返し，同じようなことを習ってきましたから。「差別はいけない」は誰でも知っていると思います。

　Aさんが述べるように，「差別や抑圧はいけません！」ということをみなさんはすでに習ってきているはずです。そしてだからこそ，差別・抑圧については「同じようなこと」だからもう「学ばなくていい」とAさんが考えるのも無理はありません。

　しかし，他方でなかなか差別・抑圧はなくなりません。差別・抑圧に関する報道は世界中にあふれているし，自分自身のことをふりかえっても，そうした経験をした人，今でも嫌な思いをしているという人は少なくないはずです。そして，それに対して「どうしたらいいのかわからない」というのがみなさんの

図序-1 差別・抑圧の原理的構造

支配層
マジョリティ　⇒
社会的強者

差異の「線引き」
→　抑圧・排除と正当化＝差別　⇒
→　支配構造の再生産

被支配層
マイノリティ
社会的弱者

出所：筆者作成。

実感ではないでしょうか。

　そうなると，Aさんが述べている言葉が気になります。「差別・抑圧はいけない」ということを，本当に誰もが理解しているのだろうかと。

（2）「差別・抑圧」とはそもそも何だろうか

　では，差別・抑圧とはそもそも何でしょうか。ここでは，その原理についてごく簡単にみておきましょう。図序-1をみてください。

　社会に生きる人々は個々人が異なる存在であり，またそれぞれの特性を有する多様な集団で社会は成立しています。これらの個々人や各集団の差異をもとに，人々を「線引き」したうえで，強者やマジョリティの側が弱者やマイノリティの側を抑圧したり排除したりする行為が差別です。そして，この差別はさまざまな形で正当化され（それゆえに，差別として認識されない・問題化されない），それによる強者やマジョリティによる支配構造も維持され，そのなかで弱者やマイノリティは抑圧をさまざまな形で（抑圧を抑圧として意識しないことも含めて）受け続けることになります。

　ここで重要なのは，支配層が強い状態では，もしくはその正当化作用が強い状況では，差別・抑圧がなかなか問題化されないことです。

　確信犯的に差別・抑圧をする人々もいますが，大多数の人は違います。「差別・抑圧はいけない」と知ってはいるのです。しかし，その際，自分の行為を差別・抑圧とは認識していないまま，実際に差別・抑圧をしたり受けたりしているのが大半です。そして，それらの行為が積み重なって差別や抑圧は維持されていくのです。

　とするならば，先にみたように単なる「差別・抑圧はいけない」の認識では

2

序章　差別・抑圧を学ぶということ

表序-1　差別・抑圧の分類

① 近代市民社会以前まで自明視されてきた血縁や身分や世襲財産による差別・抑圧
② 今なおその克服が必要な人種や民族による差別・抑圧（レイシズム）
③ 宗教・門地による差別・抑圧
④ 思想信条による差別・抑圧
⑤ 性による差別・抑圧（同性愛者への差別・抑圧を含むセクシズム）
⑥ 階級（経済）・権力による差別・抑圧
⑦ 能力による差別・抑圧

出所：竹内章郎，2010，『平等の哲学―新しい福祉思想の扉をひらく』（大月書店）をもとに
　　　筆者作成。

差別・抑圧を理解したことにはならないことになります。大学生であるみなさんが差別・抑圧について学ぶというのは，ただ単に，それらが「いけない」ということをお題目として学ぶことではありません。そうではなく，そもそも「差別・抑圧とは何なのか」ということから問いなおし，そのうえでみなさんが知らない差別・抑圧の実態を把握したり，それを改善するための方法等を検討したりすることなのです。

（3）差別・抑圧の多様性と変化

しばしば，差別・抑圧というと特定の問題がイメージされがちですが，人々の差異は多様であり，それらをもとになされる差別・抑圧も多岐にわたります。**表序-1**をみてください。①～⑤の差別は今までの日本社会においても問題化されてきたものであり，その一部は改善・解消されているものの，根強く残っているものもあります。他方で，⑥・⑦のように，日本では近年になってやっと問題として顕在化しはじめたような，「新しい」差別・抑圧もあります。

どうでしょうか？　こうみてみると，一般にイメージされるよりも差別・抑圧が多様に存在することがわかります。また，社会の変化にともない，差別・抑圧の形も変化します。差別・抑圧を考える際，特定の問題にだけ注目するのではなく，このような差別・抑圧の多様性や変化を意識する必要があるのです。

（4）自分自身が日常的に差別・抑圧と関係しているという観点の必要性

差別・抑圧のイメージを変えるにあたって，最後に重要なのは，「自分とは

3

関係ない」という観点を,「日常的に関係している」という観点に変えることです。たとえば,次のBさんの意見をみてみましょう。

［2年生Bさん］　差別や抑圧がない社会になってほしいとは思います。とくに,民族差別やあからさまな性差別とかは問題だと思っています。ただ,一方で自分みたいにフツーの人間は当事者じゃないから,どこか他人ごとのような気がしてもいますし,そうした問題の解決は差別する人と差別される人たちに最終的には委ねられていると思っています。

　Bさんのように,差別・抑圧を問題とはとらえつつも自分とは関係のない問題としてとらえる観点は多くの人にみられるものであり,差別・抑圧を問題視している点では一般的には評価されるかもしれません。しかし,自身を「フツー」としてとらえ,差別・抑圧の問題を遠ざけようとする観点には,差別・抑圧を温存させてしまうという点で,大きな問題があります。

　なぜなら,私たちの日常生活にこそ差別や抑圧はさまざまな形で存在するのであり,Bさんのように自身の行動を「フツー」としてとらえるなかから,差別・抑圧が生じる可能性も多々あるからです。

　具体的に考えてみましょう。たとえば,「あれくらいの年齢の男性だったらまともに働いて結婚するのが,フツーでしょう」や「女子なんだからさ,もっと身だしなみに気をつけたりしたほうがいいよ,だから彼氏もできないんじゃない」という,日常で交わされる何気ない「フツー」の言葉。みなさんもよく聞いたり,言ったりする言葉かもしれません。しかし,**表序-2**にまとめているようにこれらの言葉のなかにも,差別・抑圧的な要素が多くつまっています。

　このように,日常的な生活のなかで,私たちはつねに差別・抑圧を無意識的にしたり,されたりしています。私たちはつねに,差別・抑圧に加担したり,被害を受けたりする可能性を多くもつ存在ですし,直接的に差別・抑圧の加害・被害者にならなくても,日常にあふれる差別・抑圧の行為・言説につねに接しているのです。日常世界における差別・抑圧の繰り返しを止めない限りは,差別・抑圧は決してなくなることはありません。この無意識な差別・抑圧を止めるためには,「自分自身が日常的に差別・抑圧と関係している」という観点をもつ必要があるのです。

序章　差別・抑圧を学ぶということ

表序-2　「フツー」の言葉の差別・抑圧例

「あれくらいの年齢の男性だったらまともに働いて結婚するのが，フツーでしょう」	「女子なんだからさ，もっと身だしなみに気をつけたりしたほうがいいよ，だから彼氏もできないんじゃない」
・年齢，性別による生き方の強要・抑圧 ・労働の形態による差別・抑圧 ・結婚の有無による差別・抑圧	・性別による生き方の強要・抑圧 ・「身だしなみ」の序列化による差別 ・人間関係（恋愛含む）による差別・抑圧

出所：筆者作成。

2　差別・抑圧を対象とした研究

　大学生が差別・抑圧について学ぶとき，多くは差別・抑圧を対象とする研究（研究者である教員の授業や研究をもとにした教材）を通して学ぶことになります。では，差別・抑圧を対象とする研究とはどのようなものなのか。**2**ではその点についておさえておきましょう。

（1）差別・抑圧を対象とする研究の領域の広さ・多様性

　まず，おさえてほしいのが，差別・抑圧の研究の領域の広がりとその多様性です。**1**でもふれたように，差別・抑圧は社会のさまざまな領域・次元で生じるものです。それに対応して，差別・抑圧の研究も多様な学問分野でなされています。そして，それぞれの学問分野や研究者によって，差別・抑圧の問題設定やアプローチも多様になされています。

　1では大学生の差別・抑圧のイメージの狭さを指摘しましたが，差別・抑圧の研究に対してもどうしても特定の研究がイメージされがちです。まずは，差別・抑圧を対象とする研究の広がりと多様性をおさえてほしいと思います。

（2）差別・抑圧の実態を把握するという役割

　では，これらの差別・抑圧を対象とする研究は何のためになされているのでしょうか。ここではとくに重要な2つの役割をおさえておきましょう。

　第1は差別・抑圧の現実を把握するという役割です。そもそも，全ての学問は対象とする事象を正確にとらえることを目的の1つとしています。そのなか

5

で，差別・抑圧を対象とする研究は差別・抑圧に関する諸事象を把握する役割を担っています。

1でもみたように，差別・抑圧は非常に多岐にわたり，日常世界にも浸透しているため，その実態を把握することが困難です。また，人や社会の価値観が大きくかかわってくる対象であるため，ともすれば，曖昧な根拠や主観のみで議論がなされることも多々あります。実際，学生のなかにも，自分の経験や感覚のみで差別・抑圧をとらえようとし，複雑な現実を単純化しようとしたり，自分にとって好ましくない事実からは目を背けようとしたりする人は少なくありません。

しかし，差別・抑圧について考えるためには，まずはその実態をしっかりと把握する必要があります。その役割を差別・抑圧を対象とする研究は担っています。

（3）差別・抑圧状況の改善・解消に向けた検討をするという役割

第2は差別・抑圧状況の改善・解消をはかっていく役割です。これも他の学問にも共通することですが，多くの研究者は，現在の状況について「正しい」とか「問題はない」ととらえて研究をしているわけではありません。むしろ逆で，「問題がある」と考えたり，「もっと改善する」と考えたりするからこそ，差別や抑圧についての研究を行っているのです。

もう一度，**表序-1**をみてみてください。①は今やだいぶ解消されてきている差別・抑圧ですし，②〜⑤はいまだに根強く残るものの，少なくとも差別・抑圧として問題化され，改善が図られているものです。他方，⑥・⑦などはいまだに問題化されていない部分も多く，今後の問題化と改善・解消が求められるものです。このように，人類は長い時間をかけて差別・抑圧と向き合い，改善・解消を果たしてきたのですし，また，将来にわたって継続的に差別・抑圧と対峙していかなければならないのです。

そして，そのためにはさまざまな差別・抑圧状況に対して批判的に考え続ける営みが不可欠です。その役割を差別・抑圧を対象とする研究は担っているのです。

序章　差別・抑圧を学ぶということ

3　差別・抑圧について学ぶ意味

　では，みなさんにとってこうした差別や抑圧について学ぶ意味は何なのでしょうか。上級生の意見を参考にしながらそれを考えますが，その前に，今までみてきたことをふまえて次のワークをしてみましょう〈ワーク序-1〉。

> 〈ワーク序-1〉
> ①　自分にとって「差別・抑圧について学ぶ意味」について，箇条書きでいいので書いてみましょう。
> ②　①で書いたことを分類して，整理してみましょう。

　どうでしょうか？　あまり書けなかった人もいれば，色々なことを思って差別・抑圧について学ぼうとしていることに気づく人もいるでしょう。多様な意味づけがあると思いますが，以下ではとくに重要な3つのポイントに絞って，その意味を整理していきましょう。

(1) 自分自身について考えるために

　まずは，自分自身について考えるためのものとして，差別・抑圧の学びは意味づけられるという点についてみていきましょう。次のCさんの語りをみてください。

　[3年生Cさん]　性に関する差別・抑圧について学ぶことを通して，女性が男性に比べて非常に差別・抑圧的に扱われていることの実態と問題性を知りました。私自身，今まで家庭や学校でも生きづらさを感じつつも，何が問題なのか曖昧なままでそれが苦しかったのですが，授業を受けて私が「女性であること」に由来するということがはっきりわかり，それが差別・抑圧だということを認識することができました。問題はわかったので，対処の仕方もわかり，今はすっきりとした思いです。

　1でもみたように，日常世界において差別・抑圧は溢れており，それを受けるなかで生きづらさを感じる人は少なくありません。しかし，多くの人はそれを意識的に差別・抑圧としてとらえることはなかなかできず，曖昧なまま苦しみ続けてしまいます。なかには「自分が悪いのかな」とか「自分の考え方を変

えるべきなのかな」と自分に問題を帰してしまう場合さえもあります。Cさんが語るように自身が受けてきた差別や抑圧を，明確に「差別・抑圧」として認識することは，問題を明確化しそれへの対処法を知ることができるという点で重要ですし，問題を自分ではなく差別・抑圧する側へと向けることができるという点でも重要です。

［4年生Dさん］　この国で，「外国人」として生きるのはやっぱりしんどいことですね。「日本人」にはわからないところで，私たちは色々とつまづくし，傷つきます。だからこそ，それを「当たり前」のものとして自分自身を麻痺させてきたけれど，差別について学ぶことを通して，人種・民族差別の不当性を改めて実感したし，その改善に向けて日々努力している人々を知って，私は私に誇りをもつためにやはり懸命に努力したいと思いました。

他方，上で挙げたDさんのように，差別・抑圧を認識したうえで苦しんでいる人もいます。そうした人々にとって，差別・抑圧の不当性を知ること，そしてその改善に向けて努力している人の存在を知ることは，Dさんが語るように，自分自身の生やアイデンティティをエンパワーするものとなりえます。

（2）他者とのよりよい関係性を構築するために

次に，他者とのよりよい関係性を構築するために，差別・抑圧の学びは意味づけられるという点についてみてみましょう。次のEさんの語りをみてください。

［2年生Eさん］　差別や抑圧について学ぶなかで，自分がもってきた「当たり前」が他者にとってはそうでないことに，初めて気づきました。そして，自分が享受している「当たり前」が誰かの差別や抑圧の上に成り立っていることも痛感しました。今まで，ときに自分が「差別する側」にいたことを知ったのは辛かったですが，これからそのようにならないように気をつけたいし，そのためにもっと学ばないといけないと考えています。

1で述べたように，私たちの日常世界に差別・抑圧は多様な形で存在しています。そして，それは，私と誰か（他者）との関係性が差別・抑圧的になる可能性があるということを意味します。(1)で見た2人のように差別・抑圧される側になることもあれば，Eさんが語るように自身が差別・抑圧をする側にな

ることも多々あることなのです。

そうしたなかで重要なのは、Eさんが述べるように、他者との関係性から、差別・抑圧的な要素をいかになくしていくかという姿勢でしょう。その際、差別・抑圧の研究には、他者とのよりよい関係性を構築するための多くの知見が蓄積されています。それを学ぶことで、ぜひ、他者との豊かな関係性を築いてほしいと思います。

（3）これからの社会のあり方を考えるために

最後にこれからの社会のあり方を考えるために、差別・抑圧の学びは意味づけられるという点についておさえましょう。次のFさんやGさんの語りをみてみてください。

［3年生Fさん］　私はLGBTのLです。今まではLであることが嫌でたまりませんでした。「なぜ、自分は周りの友達と違うのか、なぜ男子を好きにならないのか」。いくら考えてもわからず辛かったです。でも、LGBTについて学ぶなかで、「自分と同じように苦しんでいる人がいる」と知り、教師になりたい自分にとって未来の教え子のなかにもLGBTの子はいるはずだと思いました。苦しむのは自分たちの世代で終わりにしたい。正しい知識を伝えることで、差別や偏見の色眼鏡を変えていく。教育を通して、私は少しでも差別のない社会をつくっていきたいと思っています。

［4年生Gさん］　差別・抑圧のない新しい社会をつくっていくのは、私たちの世代だと思います。学んできたように、差別や抑圧を解体するうえで法律や政治は大きな役割を果たします。私たちが一人ひとり主権者として、意識的に政治や法律にかかわっていくことが重要だと思います。選挙も大事だし、NPOや労働運動などにも関心をもっていきたいと思っています。

歴史をたどればわかるように、差別・抑圧の改善・解消をめざして、さまざまな領域・次元でのさまざまな努力が積み重ねられてきました。そうした努力の積み重ねのなかに、今の社会があり、今の私たちがいます。しかし、本書でもみていくように、現在の社会には多種多様な差別・抑圧は存在しますし、現在進行形で生まれ拡大している差別・抑圧も残念ながら存在します。

そうしたなかで、Fさんや、Gさんは差別・抑圧を少しでもなくしていく方向で、社会に働きかけていこうとしていますが、そうした動きを差別・抑圧の

学びはエンパワーすることでしょう。そうした一人ひとりの学びを基盤にした社会への働きかけが，差別・抑圧のない社会を実現するのだと，私たちは考えています。

📖 **読書案内**

① 竹内章郎，2010，『平等の哲学—新しい福祉思想の扉をひらく』大月書店.
② 後藤道夫ほか，2007，『格差社会とたたかう—〈努力・チャンス・自立〉論批判』青木書店.
③ 唯物論研究協会編，2017，『唯物論研究年誌第22号 現在の〈差別〉のかたち』大月書店.

【植上一希】

［第1部］

青　年

　第1部では，青年に焦点を当てます。青年たちが生きる日常世界にいかなる差別
や抑圧があるのか。そして，それらにどのように対峙していけばいいのかについて，
検討していきます。

　「とくに差別とか抑圧とか感じてないけど」という人も少なくないでしょう。た
しかに，みなさんが「フツー」に過ごす日常で「これは差別・抑圧だ」と意識する
ことはあまりないかもしれません。しかし実際には，日本の現代の青年たちが生き
る日常世界には差別・抑圧がさまざまな形で存在しています。みなさんが，もし差
別・抑圧を感じないとするならば，それがみえないようになっていたり，差別・抑
圧と感じないくらいそれらがフツーなものになっていたりするからなのです。

　ここでは，「大人になること」「学び」「若者世界」というみなさんにとっても身
近なテーマをもとに，青年たちに関係する差別・抑圧について考えていきましょう。

【植上一希】

第1章 「大人になる」ことをめぐる差別・抑圧

　「大人になる」ということは青年であるみなさんにとって身近なテーマでしょう。身近であるがゆえに，なかなかその問題も意識されにくいのですが，実はこの「大人になる」ことをめぐって差別・抑圧は存在しており，それによって多くの青年が生きづらさを感じています。

　この章では，この「大人になる」ことをめぐる差別・抑圧についてみていきましょう。

1 「大人になる」ことって？

(1)「大人になる」ことを考えるための視点──社会の構成員・社会的指標

　表1-1にまとめてあるように，大人とは一般的にはその社会の構成員としての権利と責任を行使することを期待されている存在です。大人に対置される子どもが，各種の権利を制限され責任を猶予されていることを考えれば，社会の構成員という意味合いもわかるのではないでしょうか。実際，子ども－青年期にわたる長期間の教育も，こうした社会の構成員を育成することを目的としてなされています。

　そして，この社会の構成員として認められるためには，そうした権利・責任を行使できる・しているという一定の指標をクリアする必要があります。社会が変われば，構成員に求められるものも変わるため，それらの指標は国や時代によって異なっています。日本において，もっとも流通している社会的指標は20歳という年齢であり，実際，20歳になるとそれまで制限されてきた各種の権利を得ることになります。こうした事実が示すのは，「すべての人を，20歳において権利と責任を行使しうる存在として認めよう」という共通認識の存在です。

第1章 「大人になる」ことをめぐる差別・抑圧

表1-1　大人の定義と社会的指標の関係

大人の定義	社会的指標
「社会の構成員」。 その社会の構成員（メンバー）としての権利と責任を行使する存在。	左記の権利・責任を行使しうる・しているとみなされる指標。 社会によって異なり複数存在。 例：20歳という年齢

出所：筆者作成。

　しかし，現在の日本において，20歳というのは1つの指標に過ぎません。つまり，「20歳だから，ちゃんとした大人だよね」とは言いきれないのです。みなさんも，20歳を「大人になる」ことの主要な指標とは考えないはずです〈ワーク1-1〉。

　〈ワーク1-1〉
　「大人になる」ことの社会的指標で思いつくものを挙げてみてください。また，そのなかで重視されるものは何かについても考えてみてください。

（2）経済的自立と家族形成という社会的指標

　ワークでは20歳という指標以外にもさまざまな指標が挙がったのではないでしょうか。ワークでの意見と重なると思いますが，日本において「大人になる」ことの指標として中心的に考えられてきたのは2つであり，1つが経済的自立，もう1つが家族形成となっています。

　表1-2の左列は「大人になる」ことの指標として典型的に挙がりがちな意見をまとめたもの，右列は本来的に多様な経済的自立や家族形成の諸形態を例示したものです。

　右列にあるように，本来，経済的自立のあり方や，家族形成のあり方はとても多様です。しかし，左列にあるように一般的には，正社員として働きその収入で生活をすることが経済的自立の形であり，結婚して子どもをもつことが家族形成の形として中心的にイメージされがちです。おそらく，みなさんの多くもこうした経済的自立・家族形成の形をイメージしたのではないでしょうか。

13

第1部 青　年

表1-2 経済的自立・家族形成について

	日本で「大人になる」ための経済的自立・家族形成の形	本来多様な経済的自立・家族形成の諸形態
経済的自立	正社員として働きそこから得た収入を主とし生活する。 ・「援助を受けずに自分の稼ぎで」 ・「正社員＝社会人＝大人」 ・「非正規はフリーターって感じ」	・フリーランスとして働く ・非正規雇用で生活する ・公的な支援（公的扶助）を活用しながら生活する
家族形成	夫婦＋子どもという家族を形成する。 ・「男は結婚して一人前」 ・「お母さんになる幸せ」 ・「子を産み育てる国民としての責任」	・1人暮らし ・事実婚や同棲という形で生活 ・ルームシェア，仲間と共同生活 ・ペットと暮らす

出所：筆者作成。

　このように日本では，上記に挙げた中心的なイメージが「大人になる」ことの「フツー」とされていることが大きな特徴です。ここでは，まずその事実を確認しておきましょう。

2 「大人になる」ことの困難化を把握しよう

　しかし，実はこうした指標自体，現実には色々な意味で時代遅れとなりつつあります。大きな要因は2つあります。1つは，社会の変容のなかで生き方に関する人々の価値観が多様化しつつあること。そしてもう1つが青年をめぐる社会状況が厳しくなっていることです。ここではとくに，後者の要因に焦点を当ててみていきましょう。

（1）正社員の減少・劣悪化──経済的自立の困難

　正社員として働きそこから得た収入で生活をするというのが，日本における経済的自立の「フツー」でした。しかし，2010年代の現在，その「フツー」をクリアすることは困難になってきています。

　そのいちばんの要因は，正社員の割合の激減です。『就業構造基本調査』（2012年）によれば，1992年段階の非正規雇用労働者の数は1,053万人，労働者のなか

第 1 章 「大人になる」ことをめぐる差別・抑圧

で占める割合は21.7％でしたが，2012年段階ではそれぞれ2,042万人，38.2％と激増しています。すなわち，たった20年の間に働く人の5人に4人が正社員だった時代から，働く人の5人に3人しか正社員になれない時代へと社会が大きく変わってしまっているのです。

　また，正社員の労働環境の劣悪化にも注意する必要があります。正社員といえども収入は全体として下がっており，年収300万円以下の正社員の割合も少なくありません。さらには，正社員という理由で過重な労働負担が課されたりするケースも問題になっています。「ブラック企業」や「過労自殺」といった用語を聞いたことがあると思いますが，それらのほとんどは劣悪な働き方をさせられる正社員の問題なのです。

　つまり現在は，正社員になること自体が難しくなり，たとえ正社員になったとしても収入が低かったり，労働環境が劣悪で雇用継続が難しかったりするケースが増えてきているのです。

(2) 夫婦＋子どもという家族形成の減少

　夫婦＋子どもという家族形成も「フツー」とはいえなくなってきています。

　図1-1は世帯の形の変遷を示したもので，それをみればわかるように，1980年代までは4割近くを占めていた夫婦＋子どもという家族形態ですが，現在ではすでに3割を切っており，その割合はさらに減少していくことが予想されています。

　その要因の1つが，結婚しない人の急増です。『国勢調査』（2015年）によれば1990年段階で35〜39歳の未婚率は，男性19.0％，女性7.5％でしたが，2015年段階では男性35.0％，女性23.9％に急増しています。30代後半で男性の3人に1人，女性の4人に1人が未婚状態なのです。この未婚率の急増としては，家族観の変容が1つの要因として指摘されていますが，より強い要因として指摘されているのが(1)でふれた青年層の労働環境の劣悪化です。労働環境が劣悪化し経済的な余裕がないなかで，なかなか結婚することができない人が増えているのです。

　なお，離婚率も低くありません。離婚数は年間約25万件で，婚姻数が約70万件ですから単純に計算すると3組に1組が離婚する程度の数になっています。

15

第 1 部　青　年

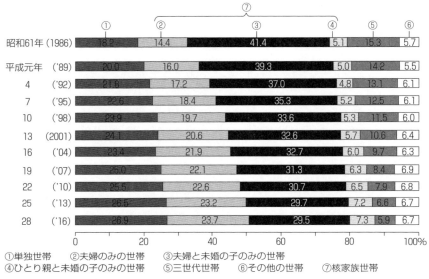

図1-1　世帯構造別にみた世帯数の構成割合の年次推移

①単独世帯　　②夫婦のみの世帯　　③夫婦と未婚の子のみの世帯
④ひとり親と未婚の子のみの世帯　⑤三世代世帯　⑥その他の世帯　⑦核家族世帯

出所：厚生労働省「グラフで見る世帯の状況 平成30年」より筆者作成。

　これらをみれば，今まで「フツー」とみなされてきた結婚自体が困難になってきていることがわかります。

　1990年代までは「大人になる」ことの「フツー」とされてきた，正社員としての経済的自立，夫婦＋子どもの家族形成。それらは社会の変容のなかで，もはや当たり前とはいえなくなってきており，そうしたなかで今までの「フツー」の生き方を選ばない・選べない人が増えてきているのです。

3　「大人になる」ことをめぐる差別・抑圧を知ろう

　こうした変容があるにもかかわらず，依然として従来の「大人になる」型の規範やシステムは強固に存在します。そしてそれによって，「フツー」を選ばない・選べない人に対する差別や抑圧が生じているのです。3ではその差別・抑圧の一端をみていきましょう。

第1章 「大人になる」ことをめぐる差別・抑圧

（1）正社員と非正規雇用をめぐる差別とその正当化

　正社員と非正規雇用の間の差別は多々ありますが，やはり最も大きいのは賃金における差別でしょう。国税庁の『民間給与実態調査』（2016年）によれば，正社員の平均給与が487万円であるのに対し，非正規雇用の平均給与は172万円であり，実に315万の差があります。この大きな格差は，正社員の場合，勤続年数とともに賃金が上昇するのに対して，非正規雇用の場合その上昇幅は非常にわずかであることなどに起因しています。ですから，極端な話，同じ職場で同じ年数働きほぼ同じような仕事をしていたとしても，両者の賃金はときに2倍，3倍と違ってくるのです。

　同じ労働に対しては同一の賃金を支払わなければならない。「同一労働同一賃金」と呼ばれる欧米で主流となっている考え方に即せば，日本の正社員と非正規雇用の賃金格差は間違いなく差別といえますし，差別としてとらえるべきでしょう。

　しかし，日本の社会はこうした正社員と非正規雇用の差別を，差別として認識するのではなく，逆にさまざまな形で正当化してきました。たとえば，「正社員のほうが責任を負っているから」，「パートはしょせんパートでしょ」，「非正規雇用が嫌なら正社員になればいいじゃないか」などといった言葉はみなさんも聞いたことがあるのではないでしょうか。こうした差別状況の正当化のなかで，正社員になって経済的自立を果たすということが，「大人になる」ことの「フツー」になってきたのです。

（2）正社員になるべきという抑圧

　正社員と非正規雇用の差別状況が強固に存在し，そのうえに正社員になることが大人として「フツー」のこととして強調される社会。その社会では，正社員にならなければ待遇面で差別されるだけでなく，「フツー」の「大人になる」ことができていない存在として扱われる。そうした状況を今の青年たちは生きています。

　当然のことながら，それは大きな抑圧として青年たちにふりかかります。大学生にとってその最たるものは就活です。今まで学生だった人たちが，労働者になっていくというのが就職のプロセスであり，そこに不安を抱えるのは当然

17

第1部 青　　年

のこと。にもかかわらず，現在の就活はそうしたかれらを励ますものとはなっていません。

　下記のHさんは，生き苦しさをもたらすものとして就活をとらえていますが，そうした思いは多くの大学生が抱くものとなっています。

　［4年生Hさん］　毎日，毎日，死にたいって思っています。就職活動は本当に恐怖。まともに働き続けることができる自信なんてまったくないし，選ばれると思わない。なんで，あんなに苦しい就職活動をみんなできているんだろう……。私にはムリ。でも，ムリって言ったら，怒られる。馬鹿にされる。「ニート」（笑）って。自分でも，なんでできないんだろうって，苦しくなる。

　他方，働いている人も正社員であり続けなければならないという抑圧を強く受けています。次のIさんのように，劣悪な労働環境のなかで「辞めたい」という思いを封じ込めて，耐え続ける青年は少なくありません。起こり続ける若年労働者の過労自殺や精神疾患も，こうした抑圧状況のなかで生じているのです。

　［卒業生Iさん］　ここ1か月は終電で帰る日が続いています。終電に間に合わなくて，会社でカップヌードルをすすりながら，何やっているんだろう私って，この前思いました。残業代も出ないし，給料も高いわけじゃないし，やりがいもあるってわけでもない。でも辞められないですよね。辞めたい，辞めたい，辞めたいって毎日思うけど，せっかく正社員になれたんだから，どんなに辛くても頑張らないといけないから。

（3）家族形成をめぐる差別・抑圧

　どのような家族の形でも，それなりに生活を送っていくことができる。当たり前のように思われるこの考え方も，この社会では現実とはなっていません。夫婦＋子どもという家族の形＝「フツー」の家族と，それ以外の家族の形の間にはさまざまな差別が存在しています。

　典型的な例として，ひとり親＋子どもという家族の形についてみてみましょう。2015年の『国勢調査』によれば，「ひとり親と子どもからなる世帯」の数は約475万であり，全世帯のなかで8.9％を占めています。このように，決し

て少なくないひとり親＋子ども世帯ですが，その貧困率の高さが問題視されています。『国民生活基礎調査』（2016年）によればひとり親世帯の貧困率は5割を超えていますし，母親と子どもからなる世帯（いわゆるシングルマザー世帯）については貧困率が7〜8割に上るという議論もあります（**第4章・コラム①**参照）。

この数字が示すのは，ひとり親＋子どもという家族の形を選んだ場合，この国では高い確率で貧困状態に陥るという事実です。そして，この事実は家族形態の違いにおける差別の存在を典型的に示しています。

しかし，雇用形態による差別と同様に，日本社会はこれらの差別を差別として認識するのではなく，正当化してきました。たとえば，「離婚した彼女が悪いんだから貧困なのは仕方ない」や「母親だけじゃまともな子育てはできない，やっぱり両親がそろってないと」という言葉は，今でも耳に入ってきます。こうした差別状況の正当化のなかで，夫婦＋子どもという家族形成は「大人になる」ことの「フツー」として続いてきたのです。

それゆえに，こうした家族像も青年たちに種々の抑圧をもたらします。ここでは，シングルの家庭で育ったJさんの言葉だけ紹介しておきましょう。

［4年生Jさん］　経験上，シングルはたしかにしんどいですね。いつもお金のことで，周りの子たちができることを諦めたりしないといけなかったから。でも，それは私の母が悪いわけじゃない。けれども，周りは「可哀想だね」とか「Jちゃんは良い家庭をつくってお母さんを安心させなきゃね」とか言ってきます。「余計なお世話」って心の底では思っているけど，もし自分の子どもができたときに，こうした苦労をさせないために，自分の母や，自分の家族を否定するような選択をしなければならないと思っている自分がいることに，ゾッとしています。

4　「大人になる」ことをめぐる差別・抑圧に対峙するために

3では「大人になる」ことの「フツー」にこそ，差別や抑圧が存在していることをみました。では，こうした差別・抑圧にどのように対峙していけばいいでしょうか。

第1部 青　年

(1)「大人になる」ことの「フツー」を疑う

　まず，必要なのは「大人になる」ことの「フツー」を疑うことです。

　表1-2をもう一度みてみてください。右列に書いてあるようなことが，むしろ「フツー」から排除されてきたことを疑ってみるのです。たとえば，「フリーターだと大人としてみなされないのはおかしいのではないか」とか，「考えてみれば『社会人』って変な言葉だよな」とか，「結婚にとらわれすぎるのってなんかおかしいよな」とか，どんどん疑ってみましょう。

　次のKさんのような，鋭い批判をするのだってもちろんOKです。

　［4年生Kさん］「就活」からはじまって，「婚活」，「妊活」，「保活」って。活，活，活，活って，うるせーよ！　どんだけ活動させれば気がすむんだよ！　そんだけ頑張らないと達成できない「フツー」なんてぜったい普通じゃないし，それを強要する社会もまともじゃない。「みんな頑張っているんだから，あなたも頑張れ」なんて言葉はいらない。そんな社会の「フツー」の大人になんかなりたくない。

　自分が当たり前だと思っていたこと，もしくは意識すらせず「フツー」だとしてきたことが，他の誰かを傷つけたり他ならぬ自分を抑圧したりすることが多々あります。「大人になる」といういわば非常に身近で日常的なことだからこそ，その「フツー」の呪縛は強固になりがちですが，まずは，「フツー」を疑うことでその呪縛を解くことをはじめてください。

(2) 差別・抑圧のない「大人」像を構想していく

　そのうえで，ぜひチャレンジしてほしいのが，差別・抑圧をできるだけなくすような「大人」像を自分なりに構想するという営みです。そもそも，2で述べたように，社会の変容のなかで今までの「大人」像は時代遅れとなってきているのですから，社会の変容に対して新たな「大人」像をつくっていくことが必要です。その際，今までの「大人になる」ことの差別・抑圧性を問題視し，差別・抑圧がない自分たちなりの「大人」像を構想していくのです。

　そのためには，さまざまな検討が不可欠です。とくに，「大人」のあり方は，社会構造や社会規範と深く結びついているので，それらの検討はとくに欠かせません。この章では経済的自立や家族形成についての差別・抑圧の存在につい

第1章 「大人になる」ことをめぐる差別・抑圧

表1-3 社会構造と関係させて「フツー」を問う例

・正規・非正規雇用の差別の根本には日本の雇用システムがあるのでは？
　〜日本型雇用システムとは何だろうか？　その問題性とは？
・「フツー」の生き方の実現と，学校教育のあり方は強く結びついているのでは？
　〜「良い学校」⇒「良い企業」という規範意識の原因や問題性とは何だろうか？
・夫婦＋子どもという家族形態がなぜ推奨されてきたのか？
　〜日本型雇用システムとの関係は？
　〜そうした規範意識をもたせることは国家にどのようなメリットがあるのか？

出所：筆者作成。

ては示しましたが，それらを生みだし継続させている社会構造や社会規範につ
いてはほとんどふれることはできませんでした。しかし，差別・抑圧を改善さ
せるためには，その根本的な要因を把握していくことも必要です。

　たとえば，表1-3に示すような問題関心で学問を深めていくことは，差別・
抑圧の根本を把握するという点で非常に重要です。

　問題はさまざまな要素と結びついているためそれらをひもといていくのはと
ても難しい課題ですが，序章でもふれたようにさまざまな研究者がこうした問
いにチャレンジしています。それらの成果からヒントを得てみなさんなりの考
えを深め，差別・抑圧をできるだけなくすような「大人」像を構想していって
ほしいと思います。

📖 **読書案内**

① 中西新太郎・蓑輪明子編，2013，『キーワードで読む現代日本社会 第2版』旬報社.
② 中西新太郎・高山智樹編，2009，『ノンエリート青年の社会空間—働くこと，生きること，「大人になる」ということ』大月書店.
③ エキタス＋今野晴貴・雨宮処凛，2017，『エキタス 生活苦しいヤツ声あげろ』かもがわ出版.
④ 濱口桂一郎，2009，『新しい労働社会—雇用システムの再構築へ』岩波書店.

【植上一希】

第2章 学びからの排除

　みなさんは，学校が好きでしたか？　「大嫌い！」という人もいるかもしれません。この章では，学校に行きたくても行けなかった人たちのことを学びます。開発途上国の話ではありません。今の日本の話です。学齢期を過ぎても小学校を終えていない人が約13万人，中学校を終えていない人になると百数十万人はいるといわれています。そのなかには，みなさんのような若者もいます。なぜ，学びからの排除が生み出されるのでしょうか。学びから排除された人たちは，何を奪われるのでしょうか。そうした人たちの学ぶ権利の保障のために，社会は，そして私たちは何をすべきでしょうか。

1 現代日本における学びからの排除問題

　128,187名——2010年の国勢調査で，最終学歴を「小学校中退もしくは学校に行ったことがない」と回答した人の数です（以下，未就学者と呼びます）。大学進学率が5割を超える時代に「学歴ゼロ」の人たちがいるのです。

　表2-1は，未就学者数を都道府県別にまとめたものです。自分の出身地を確認できたら，多い順に5位まで抜き出してみましょう〈ワーク2-1〉。日本で一番人口が多いのは，そう東京都ですね（人口1,350万人）。ですが，未就学者数では大阪府が第1位です（人口約880万人）。第5位の沖縄県の人口は，東京の10分の1程度であるにもかかわらず，6,541名もの未就学者がいます。

　この偏りは，日本の近現代史と深くかかわっています。キーワードは，戦争，差別，貧困です。この3つを念頭に置きつつ，なぜ，その地域に未就学者が多いのかの仮説を立ててみてください。

第2章　学びからの排除

表2-1　都道府県別の未就学者数

北海道	7,374	東京都	7,244	滋賀県	1,443	香川県	899
青森県	2,687	神奈川県	5,116	京都府	3,249	愛媛県	1,329
岩手県	1,731	新潟県	2,158	大阪府	12,195	高知県	1,016
宮城県	1,643	富山県	726	兵庫県	6,271	福岡県	6,543
秋田県	2,145	石川県	815	奈良県	1,125	佐賀県	877
山形県	1,281	福井県	664	和歌山県	1,341	長崎県	1,868
福島県	2,344	山梨県	1,114	鳥取県	764	熊本県	3,028
茨城県	2,842	長野県	2,061	島根県	841	大分県	998
栃木県	2,745	岐阜県	1,405	岡山県	1,306	宮崎県	1,219
群馬県	2,230	静岡県	2,509	広島県	2,593	鹿児島県	3,448
埼玉県	4,787	愛知県	4,372	山口県	1,678	沖縄県	6,541
千葉県	3,991	三重県	2,206	徳島県	1,425	合計	128,187

出所：2010年度国勢調査より筆者作成。

┌─〈ワーク2-1〉
│　　第1位＿＿＿＿＿＿　（　　　　　　　　　　　　　　　　）
│　　第2位＿＿＿＿＿＿　（　　　　　　　　　　　　　　　　）
│　　第3位＿＿＿＿＿＿　（　　　　　　　　　　　　　　　　）
│　　第4位＿＿＿＿＿＿　（　　　　　　　　　　　　　　　　）
│　　第5位＿＿＿＿＿＿　（　　　　　　　　　　　　　　　　）
└─

　未就学者は増えているのか，減っているのでしょうか。図2-1は，前回の国勢調査と比較したものです。国勢調査の最終学歴区分は，10年ごとにたずねる項目ですので，直近の2010年度実施の前は，2000年度になります〈ワーク2-2〉。

┌─〈ワーク2-2〉
│　　図2-1から次のことを読み解いてください。
│　　【問1】　全体数の変化は？
│　　【問2】　年齢層ごとの変化の特徴は？
└─

第1部　青　年

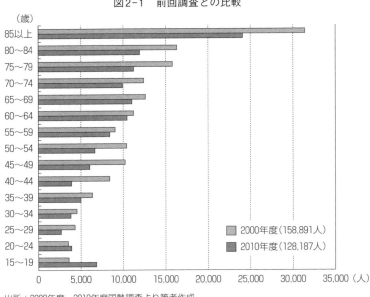

図2-1　前回調査との比較

出所：2000年度，2010年度国勢調査より筆者作成。

　全体数は，前回から3万人以上減少しています。このことは，手放しに喜べることではありません。減少が著しいのは，高齢層です。私たちは，ここから学びたいと願いつつも，叶わないままに人生を終えられた人たちの存在を読み解く必要があります。

　もう1つ大事な点に気づいた人も多いと思います。そう，若年層の変化です。24歳以下では，前回調査を逆転して，増加傾向にあります。現在の学校現場では，登校実績がなくても卒業証書を渡しているといいます。だとすれば，この数字が意味することは，本人の実感として「自分は小学校も終えていない」とみなしている若者が増えていると考えたほうがよいかもしれません。

　ここまで話を進めたところで，なぜ，「小学校」で区切るのかと思っているあなた，鋭いです。義務教育である中学校までを終えたかどうかを基準にすべきではないか。その通りです。ですが，現在の国勢調査では，そうはなっていません。この人たちを含めると100万人前後に及ぶといわれています。

　かつては，障害の重い人は学校に通うことはできませんでした。養護学校（現

第 2 章　学びからの排除

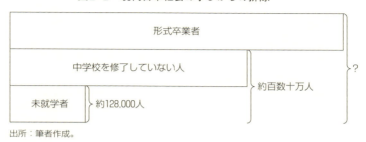

図2-2　現代日本社会の学びからの排除

出所：筆者作成。

在の特別支援学校）が義務化されたのは1979年です。それまでは,「就学猶予」「就学免除」の名のもとに学びから排除されていたのです。

　それに加えて,「形式卒業」と呼ばれる人たちもいます。小中学校時代を思い出してみてください。学校には来ているけれど, 保健室登校。あるいは, 教室に居るけど座っているだけだった同級生もいたのではないでしょうか。授業からは完全に置いてきぼり。だけど, 卒業証書を渡されてしまう。そういうクラスメイトが一人や二人, 必ずいたと思います。

　ここまでの話を図2-2にまとめてみました。生涯学習社会ニッポンのもう1つの顔がみえてきたと思います。このように, 学びから排除された人たちは, 実は身近にいるのです。

2　学びからの排除を生み出す要因

　先ほど, 学びからの排除を読み解くキーワードとして, 戦争, 差別, 貧困を挙げました。そして, 実際には, これらが複合的に作用しています。

　戦争になると, 兵士として成人男性はみな駆り出さてしまうので, 女性や子どもが貴重な労働力になります。そうなると, 学校で勉強どころではありません。さらに, 戦争が激化していくと, 空襲は, 子どももおとなも関係なく, 命を奪っていきます。沖縄では, 艦砲射撃の嵐が吹き荒れ, 地上戦も経験しました。当時, 小学校4年生だった女性の回想録です（珊瑚舎スコーレ編, 2015,『まちかんてい！動き始めた学びの時計――沖縄の夜間中学に通うおばぁ, おじぃのメッセー

25

第1部 青　年

ジ』高文研）。

　　義兄も含めて10人兄弟の次女です。小学四年生の時に十・十空襲がありました。や
んばる（沖縄の北部）の山に一家で逃げました。艦砲射撃の中，芽を出した芋を探し
てそのカズラ（つる）を食べたり，夜は海まで潮汲みに行きます。ソテツも夜採りに
行き，砕いて発酵させて食べるんです。私は常に弟や妹を背負っていました。
　　捕虜になって大宜味村に収容されました。しばらくして里に帰り，学校にも通える
ようになったと思った６年生の春，父が肺炎で急死しました。双子の兄弟が産まれて
五日目です。本当の苦労はここから始まりました。私の学校生活もここで終わりです。
父が生きていた頃は何とか暮らせたのですが，その後は親戚もない土地で，本当にヒ
ンスー（貧乏）状態でした。山から薪をとって売るのが唯一の現金収入です。私は幼
い兄弟の面倒をみて，家事全般をしました。（略）
　　ある時，母が，私と妹二人を連れてアダン（タコノキ科の熱帯性低木）の茂みの中
に入り，「死にたい」と呟きました。私は泣きながら必死で「生きたいよー，生きて
いたい」と叫びました。（略）
　　字が書けないこともあり，苦労しました。私が入れるような中学校があればなぁと
思ってました。自分なりに勉強しようと辞書を買い，今も使っています。でも一人で
目標もなく勉強するのは大変です。

　終戦から２年後の1947年，教育基本法と学校教育法が公布・施行され，それ
まで６年間だった義務教育が中学校までの９年間に延長になりました。しかし，
終戦直後の混乱期には多くの戦災孤児に加えて，家計をたすけるために働いた
り，弟や妹の世話で学校に通えない子どもがたくさんいました。とくに農漁村
では，子どもは貴重な労働力でした。1949年に国が行った調査では，72万5600
人もの長欠児童生徒が確認されています。しかも，この数には，集計が間に合
わなかった東京都と高知県，そして占領下の沖縄は含まれていません。
　差別も，学びからの排除を生み出す大きな要因です。ある在日コリアンの女
性は，「女に学問はいらん。嫁に行って愚痴の手紙を書いてよこすようになっ
たら家の恥だ」と言われて学校に行かせてもらえませんでした。どうしても読
み書きを習得したくて，親戚のお姉ちゃんにこっそり習っていたのですが，祖
父にばれて杖でしこたま叩かれたそうです。
　ある北海道の高齢女性は，同級生から「アイヌ」だと言われて，いつも石を
投げられ，棒でぶたれました。学校に行くのが怖くて，学校に行けなくなりま
した。だけど，親を心配させたくなかった彼女は，登校したふりをして，毎日

第2章　学びからの排除

夕方までひたすら河原に身をひそめて過ごしたそうです。

被差別部落の識字学級に通うある女性は，「自分は学校に行かんやったから，差別されんやった」と語ります。この語りは，部落差別がどれほど根強く，かつ日常的に行われていたのか，さらに，学校さえも差別の場となっていた現実を訴えかけます。

戦争や差別に比べると，貧困による排除は見えづらいです。経済的に発展を遂げ，「豊かな社会」になった現在の日本ではとくにそうです。貧困とは，社会生活を営むための「必要」を充足する資源が欠如した状態をいいます（**第4章**参照）。お金は「必要」を充足する重要な資源です。ですので，貧困は，まずお金の問題を議論しなければいけません。ですが，私たちが社会生活を営むうえで「必要」な資源のすべてを満たしてくれるわけではありません。貧困とは，お金の問題を中心にしつつも，色々な不利がのしかかっているのです。一人の若者を紹介しましょう。

山田哲夫さん（仮名・20代前半男性）は，いつも気だるそうな姿勢をしていて，坊主頭で耳にはピアス，いってみれば今風の若者です。彼は，中学校時代，地元でも有名な「ワル」でした。そんな彼も今では20代半ば。立派な社会人としてガソリンスタンドで働いています。本人は，今の職場で正社員になることを強くのぞんでいます。アルバイトのままだと一人暮らしができるほどの月収は見込めず，ボーナスもほとんど出ないからです。彼のまじめな働きぶりに，職場の上司も正社員登用を考えています。

しかし，それが叶わない。社員登用の条件として会社から課されている資格をもっていないからです。山田さんは，その資格をとろうと何度も受験しました。ですが，どうしても合格できません。なぜか。理由は，基礎の基礎でつまづいていたからでした。筆算の計算もおぼつかない。そんななかでの資格試験ですので，いつも答えは，えんぴつを転がして決めていました。

さらに問題なのは，その負い目が，自らの能力や人生を過小評価させてしまっていることです。彼は「今」しか語りません。彼との会話には，未来の話はほとんどでてこない。「今の給料では車なんて無理。車がないから彼女もできない。できても遊びに行く金がないけど。どうせ金がないから何もできない。だから結婚なんて絶対無理」。そして，過去を語るわけでもない。中学時代の「ワル」

27

第1部　青　　年

の武勇伝を誇らしげに聞かせてくれることもありません。日常に対するあきらめが，未来を曇らせ，彼の歩んだ過去にまで浸食している。彼と話をしているとそういう印象を受けます。

　山田さんは，経済的に厳しい家庭で育ちました。ですが，彼の不利はそれだけではありません。信頼や自己肯定感をもたらしてくれる「関係性」という大事な資源が欠如していたのです。彼は，中学時代になると教室から足が遠のきます。たまに登校しても授業中はずっと寝ていたそうです。学校は彼にとって居心地の良い安心できる場所ではありませんでした。

　山田さんの中学校時代の学習意欲の不足や規範意識の欠如は，関係性の欠如という貧困状況がもたらしたといえます。彼を見守り，励ましてくれるおとながいませんでした。きわめて不安定でぜい弱な関係性しか与えられない場合，子どもは学びの土台となる身体や他者とのかかわりを築くことができません。そうしたなかで育つと，自分を他者のなかに入れることも，他者を自分のなかに入れることもできずに，からだを閉ざしてことばを失っていきます。

　家庭や地域社会が子どもに適切な関係性を担保できない場合，学校こそが最後の砦になります。ですが，いじめに代表されるように，学校が，人間に対する決定的な不信を植え付けてしまうことも少なくありません。また，教師が「おとな嫌い」を加速させる場合も少なくありません。「教師はできる奴ばっか見てて，俺らみたいなバカはほっとかれた」と山田さんは言います。人生の早い段階で学びから排除された経験は深い傷として残っていきます。山田さんが口癖のように発する「どうせ無理」ということばは，こうした背景をふまえて理解すべきです。

3　学びから排除されて社会を生きる

　学校に通うことができなくても，みなさん全員がたくましく人生を生き抜いてきました。その生きる力は本当にすごい。なかには自力で読み書きをマスターする方もいます。ですが，そんな方でも，「人前で字を書く機会が一番困る」と言います。自宅に一人いる時には書ける字がどうしても思い浮かばずに，震えてしまう。胸が痛くなる。領収書に値段を書くだけなのに，一度練習しな

第 2 章　学びからの排除

と自信がもてない。

　つまり，学校に通っていないという「負い目」が自信を奪うのです。そこに
は，「みんなが経験していることを自分は経験していない」ということが大き
いようです。この「経験の欠損による自信の喪失」の問題は，学力不足と同じ
くらい人生において不利に働きます。次の場面で直面する困難を想像してみて
ください〈ワーク2-3〉。

　〈ワーク2-3〉
　【場面1】恋愛や結婚
　【場面2】子育て
　【場面3】公共交通機関を利用するとき
　【場面4】就職活動や仕事に必要な資格をとるとき

　役所や病院などでは，怪我をしていなくても指に包帯を巻いたり，眼鏡を忘
れたと言ったりして係の人に書いてもらっていたそうです。バスや電車に乗る
ときは，神経をすり減らします。車内アナウンスや景色に集中しなくてはいけ
ないからです。子育て中は，とくに大変で，子どもに勉強を教えられないし，
プリントやお便りなどが読めなくて本当に辛かったと言います。ある女性の語
りです（青春学校事務局編，2004,『多文化共生のまちづくり―青春学校10年の実践から』
明石書店）。

　　字も書ききらん私の人生は，虫といっしょよ。だってそうやろ。自分の子どもの名
　前も書ききらんのやけ。そんな親，どこにおるね。歳とった今は，字，書けんでも目
　が薄うなったとか，神経痛で，とか言えるやろ。若いころはほんとつらかった。どこ
　行くんでも，主人に連れて行ってもらうか，子どもを連れて行かんと。ひとりではど
　こにも行ききらんかったとよ。やけね，私の人生は虫といっしょ。

　また，働くうえでも，最も不利な状況に立たされます。非正規化が進む今日
の労働市場において，パート，フリーター，契約社員，派遣社員などの非正規
労働者は，全労働者の3分の1に及びます。若い女性の場合，5割強が非正規
労働者です（35歳未満で在学者は除く）。それでも若いうちは職種や給与を選ば
なければ，なんとか働き口が見つかります。けれども，年を重ねていくとアル
バイトでさえ見つけるのが難しくなっていく。働く場から排除されてしまうこ

29

第1部 青　年

とは，収入源を失うことだけでなく，雇用を軸とした社会保障や社会関係を失うことを意味します。

4　学びなおしを保障する社会へ

（1）学習権思想の国際的到達点

　日本社会のこれからを考えるうえで，みなさんとぜひ共有しておきたい文章があります。1985（昭和60）年，第4回ユネスコ国際成人教育会議で採択された『学習権宣言』です。冒頭部分の翻訳にチャレンジしてみてください〈ワーク2-4〉。

〈ワーク2-4〉

The right to learn is;
　　　the right to read and write;
　　　the right to question and analyse;
　　　the right to imagine and create;
　　　the right to read one's own world and to write history;
　　　the right to have access to educational resources;
　　　the right to develop individual and collective skills.

　学習権とは，「読み書きの権利」であり，「問い続け，深く考える権利」であり，「想像し，創造する権利」であり，「自分自身の世界を読みとり，歴史をつづる権利」であり，「教育の手だてを得る権利」であり，「個人的・集団的力量を発展させる権利」である。

　そして，宣言文は，こう続いていきます。学習権は，未来のためにとっておかれる文化的ぜいたく品ではなく，人類の生存に不可欠な権利なのだ。なぜなら，戦争をさけようとするならば，私たちは他者を理解し，平和に生きることを学ぶ必要がある。健康で衛生的な暮らしをするためにも学習は必要である。学習権なしには，農業や工業の発展もない。すなわち，学習権は，今日の人類の深刻な問題を解決するのに，最も貢献できるものの1つであると同時に，基本的権利の1つなのだ。すなわち，学習は，私たち人間を成り行き任せの客体

第 2 章　学びからの排除

から歴史を綴る主体へと変えてゆく。

　ここに示された学習と学習権のとらえ方は,私たちは「なぜ学ぶのか？」「なぜ学ばなければならないのか？」,そして「なぜ学ぶ権利は保障されなければならないのか？」という問いへの明快な答えを示しています。

（2）社会は変えることができる──教育機会確保法の成立

　日本社会は,学びから排除された人々の学習権保障において,大きく遅れています。学びなおしの場として,夜間中学,被差別部落の識字学級,地域日本語教室などの取り組みは,全国各地で地道に続けられてはきました。しかし,そうした現場を支える法制度が決定的に未整備だったのです。

　当事者も含めた粘り強い運動の結果,2016年12月,「義務教育の段階における普通教育に相当する教育の機会の確保等に関する法律」(教育機会確保法)が成立しました。夜間中学とフリースクールを制度的に位置づける法律です。

　夜間中学とは,公立中学校において夜間に授業をしている学校です。夜間中学では,生徒の生活現実から教育の内容と方法,カリキュラムを自主創造してきました。設置数は全国で31校,生徒の国籍も年齢も多様で1,826名が在籍しています(2017年9月現在)。日本語学級のある学校もあります。

　義務教育なので,授業料は無償です。音楽や体育,技術・家庭科も含めて中学校教育課程の全科目を学習します。授業時間は,17時30分前後から21時前後。学級活動や清掃の時間もあります。学校によっては,給食や放課後の部活動,委員会活動なども行われています。教室の広さは,通常の3分の1程度の大きさで教師と生徒の距離が近いのが特徴です。

　年間行事は,入学式,卒業式,移動教室(林間学校),運動会,修学旅行,文化祭などがあります。昼間の中学校とほぼ同じですね。ですが,夜間中学ならではの工夫や配慮がなされています。文化祭は,外国人生徒が母国の民族衣装をまとい,歌や踊りを披露したり,料理を提供したりします。運動会では,高齢生徒に配慮して,運動負荷の少なく参加しやすい競技も用意されています。

　現在,夜間中学があるのは8都府県のみで,北海道,東北,北陸,東海,四国,九州・沖縄にはゼロです。そうした地域においては,自主夜間中学と呼ばれる市民によるボランタリーな組織活動が,学習権を担保してきました。自主

31

第1部　青　　年

夜間中学の場合，受講料を無償あるいは低額に抑えるために，ボランティア頼りの活動にならざるをえません。また，会場の確保に頭を悩ませている団体もあります。自主夜間中学の多くは，学習機会の提供主体である一方で，夜間中学の増設を求める運動の源泉ともなってきました。

　教育機会確保法は，基本理念（第3条）として次の5点を掲げています。①すべての子どもたちが安心して豊かな学校生活を送れるような学校にすること，②フリースクールの活動もふまえつつ，個々の不登校の子どもにあわせた支援を行うこと，③不登校の子どもが安心して学ぶことができるような学校環境を整備すること，④学びから排除された人の教育機会は，年齢や国籍その他にかかわりなく確保されるようにするとともに，社会において自立的に生きる基礎を培い，豊かな人生を送ることができるような教育を行うこと，⑤国と地方公共団体は，民間団体と密接な連携のもとでこれを進めること。

　この法律によって，夜間中学の設置促進，夜間中学での日本語指導の充実，自主夜間中学等への支援の可能性が示され，夜間中学への学齢生徒や「形式卒業者」の受け入れについての法的根拠が示されました。ようやく日本社会は，学びから排除された人々の権利保障にむけて動き出しています。ですが，法律ができただけでは，権利は守れません。私たちがそれを知り，法と制度を使いこなせるかどうかが問われてきます。夜間中学の拡充はもちろん，識字学級や地域日本語教室への制度的支援なども含めて，保障システムの構築を求める必要があります。

📖 読書案内

① 岩槻知也編，2016，『社会的困難を生きる若者と学習支援―リテラシーを育む基礎教育の保障に向けて』明石書店．
② 学びリンク編集部編，2016，『全国夜間中学ガイド―実態を知り，拡げよう！』学びリンク．
③ 山田洋次監督，1993，『学校Ⅰ』（映画）
④ 基礎教育保障学会　http://jasbel.org/（文献や機関のリストあり）

【添田祥史】

第3章　若者世界のなかでの抑圧

　みなさんは普段生活していて，差別や抑圧を実感することはあるでしょうか。「何か例を挙げてみて下さい」と言われても，なかなか思いつかない人が多いかもしれません。思いついてもそれをどのように表現すればよいのかわからない場合もあるでしょう。差別や抑圧をとくに感じていないと思う人もいるかもしれません。

　この章では若者の身近な世界にある差別や抑圧を確認する方法を学ぶために，1つの手法として文化世界と現実世界との関係について分析していきます。

　たとえばみなさんがドラマをみたり漫画を読んだりするときに，登場人物がもっている悩みや境遇に共感することはありますよね。それによって「面白い！」と思ったり「つまらない」と思ったりすることもあるはずです。こうした感覚はそのときの自分の周囲で起こっているできごとやかかわっている人々と大きく関係している場合も多く，それゆえにフィクションの世界についての表象を読み取ることはみなさんの世界について考えていくことにもつながるのです。

　この章で分析の対象とするのは若者に向けてつくられている小説であるライトノベルの世界とその読者の人々です。

　ライトノベルは若者のなかで人気が高い小説の1ジャンルで，作品世界と現実の関係性を若者が支えている特徴的な作品群です。ここでは，現代において若者と深く関与しているものだと判断し，分析対象の事例として用いることにします。

　この事例を通してみなさんの日常世界にある抑圧に気がつくための観点と方法を手に入れて，抑圧について考えてほしいと思います。

33

第1部　青　　年

1 文化世界と現実の関係

（1）文化世界にあらわれる現実

　この章では文化世界，具体的にはライトノベルの世界に着目して検討をすすめていきます。

　ですが，そもそもなぜ文化世界から若者の世界の抑圧を考えることができるのでしょうか。ここではその前提について確認します。

　世の中にはさまざまな文化作品が存在しており，テレビドラマ，J-popなどの音楽，映画，小説などのように多岐にわたっています。こうした作品群の性質は，さまざまな視点でとらえることができますが，そのうちの1つの視点として，作品の世界には聞き手や読み手の身近な現実が反映されているというとらえ方があります。

　実際，多くの人々をターゲットにした作品は，読み手の要求（ニーズ）にできるだけ応えないと「売れる」ことはできません。そのため，読み手の要求に応える配慮は若者向けの作品でも入念に行われています。若者向け漫画で，中学校や高校（に似た学校）が舞台として高い頻度で作品に登場するのはわかりやすい一例でしょう。

　こうした要求のなかには，満たされない現実から発生するものも少なくありません。そしてともすると，現実世界におけるある種の抑圧から，文化世界に対しての要求が生じることもあるのです。そう考えたとき，若者の現実世界にある抑圧と文化世界の関係性は図3-1のように整理することができます。

　このように現実世界に起こっている事柄に関係した要求が文化世界へ向けられ，要求が実現された文化世界は現実世界に抑圧のない世界を提供するようになります。これを違った視点からみると文化世界は現実の抑圧が反転した形で存在する構図になるといえ，文化世界から若者の世界の抑圧を考えることができるようになるのです。

　このとらえ方をもとにしてさまざまな文化作品のうち，1つの事例としてライトノベルの世界をみていきます。

第3章　若者世界のなかでの抑圧

図3-1　文化世界と現実世界の関係性

出所：筆者作成。

（2）ライトノベルと現実の関係

　ライトノベルの世界はどのような現実を反映させたものになっているのでしょうか。まずライトノベルの読者はどういった層が中心になっているのかから確認しましょう。

　正確な調査が存在しないためいくつかの調査や言説を総合すると、ライトノベルの読者は、20代とそれより少し若い層の男性を中心として構成されているそうです。30代以上は20％ほどとのことですので、読者の約80％は10代〜20代の若者男性ということになります。また、ライトノベルを手がける作家は読者と近い年齢構成になっているそうです。つまりライトノベルの世界は若者によってつくりだされ、読まれているといえるでしょう。性別に偏りがあることに注意は必要ですが、若者の世界の現実が相当程度反映された世界になっていると考えることができます。

　ではライトノベルの世界を具体的にみてみましょう。たとえばライトノベルでは極端なまでに自己中心的なキャラをもつ人物により周囲が振り回される構図が頻出します。たとえば、アニメ化もされた人気作品である谷川流の『涼宮ハルヒ』シリーズ（角川書店）において周囲を翻弄しながら思いつきで活動する主人公の涼宮ハルヒはその代表といえるでしょう。涼宮ハルヒは同好会のような小集団をつくり、主人公の男子高校生を無理やり加入させ、その小集団を率いてアルバイト、バンド活動、映画制作、野球チーム結成などを興味のむくままに行います。そのさい、涼宮ハルヒは周囲の意見およびリアクションなど

35

第1部 青　年

図3-2　ライトノベルの世界に求めるものと現実世界のあり方との関係の例

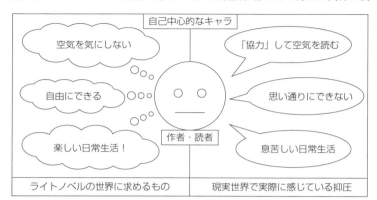

注：ライトノベルの世界には，ある程度は現実世界のあり方に基づいた形で，現実世界に欠落しているものを求めている。
出所：筆者作成。

はいっさい気にしようとせず，むしろ周囲を振り回しながら行動していきます。

涼宮ハルヒに限らず，ライトノベル作品では，いわゆる「俺様」系のキャラなど，自己中心的なキャラは頻出し人気を博しています。

このような自己中心的なキャラに着目して考えてみましょう。図3-2をみてください。

図3-2は自己中心的なキャラを軸として，作者・読者の作品世界に対する要求と現実で感じている抑圧の例を示したものです。

自己中心的なキャラの存在から読み取ることができる内容は，たとえば「他人の目や場の空気を気にしないこと」や「自分がしたいことを自由にできること」に加え，それらの結果として「楽しく日常生活をおくること」でしょう。では，これらの内容を図3-1にならって抑圧から生じる要求の反映（抑圧のない夢想）としてとらえると，図3-2左側に示すような要求がある背景には，図3-2右側にあるような抑圧された現実が潜んでいると推測することができるのです。

つまり自己中心的なキャラがライトノベルで流行るとき，その裏（現実）には周囲に自由な行動を許さないほどの強い抑圧があることが推測できるのです。このようにライトノベルの世界を分析することで，若者の現実世界のみえ

第3章　若者世界のなかでの抑圧

づらい抑圧の一部を把握することができるようになります。

　以下では抑圧を具体的にみていくために，ライトノベルの数あるジャンルのなかから「日常系」と「転生系」の2つを取り上げて分析します。

2　平和な日常だけを描く「日常系」

　「日常系」は『あずまんが大王』を発端とし，『らき☆すた』や『けいおん！』などの4コママンガとそのアニメのヒットから流行したジャンルの1つです。その波はライトノベルにも訪れ大きくヒットしています。たとえば美少女キャラクターたちが生徒会室で会話を続けることが中心の葵せきな『生徒会の一存』シリーズ（富士見書房）や平坂読『僕は友達が少ない』シリーズ（KADOKAWAメディアファクトリー）などが代表的な作品として挙げられます。

　「日常系」の作品には一体どのような内容が描かれているのでしょうか。共通して描かれている主な要素をピックアップすると表3-1のようにまとめることができます。

表3-1　「日常系」に描かれている要素

・周囲の人々と本気で争うことがない	・他愛もない会話で物語が進む
・女性キャラクターが多い	・挫折するような壁は存在しない
・障害を乗り越えるような成長要素は中心ではない	・文化系が題材

出所：筆者作成。

　「日常系」の作品のなかでは，スポーツ漫画などにみられるような「バトル」や「競争」等の要素が表立って描かれることは多くありません。

　抑揚のあるストーリーが描かれない代わりに，表3-1に示したような争いのない平和な日常生活が主に表現されています。数人の集団のなかで，他愛もない会話を交わす様子が描かれているのです。その話題は「どんな部活に入るか」や「ネクタイが結べるかどうか」など日々のできごとがメインとなっています。論争や競争になることもあまりありません。

　では，なぜこのような作品が求められているのでしょうか。表3-1の要素を反転させて現実世界を考えると表3-2のようにまとめられます。

37

第1部　青　年

表3-2　「日常系」から反転させて考えることができる現実

・過酷な競争から逃げられない	・コミュニケーションが難しい
・仲の良い異性はいない	・挫折する機会が多い
・成長を求められる世界	・スポーツ系部活動＞文化系部活動

出所：筆者作成。

　先述したようにライトノベルの読者は10～20代を中心としています。とくに10代の人々は学校，なかでも教室や友人同士で多くの時間を過ごすことが日常的であり，そこが生活の中心的な存在になっているでしょう。表3-2に示されているのはそうした生活のなかにある現実の一部です。

　日頃から成績の高低や偏差値により進学・就職などの場で競争を強いられたり，空気を読む力の有無によってコミュニケーションから排除されたりする状況を読み取ることができます。また，そうした能力が低いことは自己責任として扱われ，適応のための成長を求められる一方，それが難しく挫折せざるをえないといった状況もあるでしょう。文化系の部活動はスポーツ系の部活動と比較すると目立って活躍できる場が少ないため，地味で劣位にみられる可能性があると考えることもできます。

　こうした抑圧があるからこそ表3-1のような要素が求められることが推測できます。そして「日常系」からは表3-2のような抑圧が若者の現実世界の一部にあることをうかがうことができるでしょう。

3　現実世界から離脱していく「転生系」

　一方で近年はその流行にも変化が生じており，日々の生活から離脱し異世界へと転生するような，「転生系」が徐々にヒットをはじめています。そこからはまったく新しい生活や関係性のリセットを求める若者たちの姿を読み取ることができます。

　「転生系」のライトノベルでは，主人公が突如として現実世界から異世界へと移動し，現実とは違った関係性のもとで新たな生活をおくる様子が描かれています。たとえば暁なつめ『この素晴らしき世界に祝福を！』シリーズ（角川

第3章　若者世界のなかでの抑圧

表3-3　「転生系」に描かれている要素の一例

・主人公が異世界へ転生ないしは転移するところから物語が始まる
・強い能力や既存の能力が活かせる環境を与えられ，異世界で活躍する

出所：筆者作成。

書店）や長月達平『Re:ゼロから始める異世界生活』シリーズ（KADOKAWAメ
ディアファクトリー）などは代表的でしょう。

　「転生系」では，現実世界が主人公にとって生きづらいものとして表現され
ています。能力がなく他人から劣位にみられたり，自らを劣位においたりする
ことは少なくありません。しかしかれらは「偶然」にも異世界へと転生するこ
とで強い能力や社会的強者としての環境を与えられ，自分が活躍できる第二の
人生をスタートします。

　これをふまえ「転生系」に，共通して描かれている要素の一部をピックアッ
プしますと表3-3のようにまとめられます。

　若者の現実世界に抑圧があることに2でふれましたが，「転生系」では抑圧
からの脱出がより強い形であらわれています。

　表3-3で示したように，主人公は現実から突如としてまったく知らない世界
へ移動して，活躍します。これは「日常系」では，現実世界の範疇で抑圧から
生じる要求があったのに対し，「転生系」では要求が異世界を向いており，現
実世界の抑圧とそこからの脱出がより強い形で示されていると考えることがで
きるでしょう。

　以下の引用を読んでみてください。これは主人公が異世界への転生を選び
取っているように読み取ることができる描写で，物語の冒頭で突然の死を遂げ
た主人公が神様に転生を迫られるシーンの1節となっています。

　　「しかし，君は少し落ち着き過ぎやせんかね？　自分が死んだんじゃ，もっとこう
　慌てたりするもんだと思っていたが」
　　「あまり現実感がないからですかね？　どこか夢の中のような感じですし。おこっ
　てしまったことをどうこう言っても仕方ないですよ」
　　（中略）
　　「お前さんには別の世界で蘇ってもらいたい。そこで第二の人生をスタート，とい

39

第1部　青　年

うわけじゃ。納得できない気持ちもわかる，だが」

「いいですよ」

（冬原パトラ，2015，『異世界はスマートフォンとともに。』ホビージャパン，6-7頁）

「おこってしまったことをどうこう言っても仕方ないですよ」と達観した様子で語る主人公から，これまでの生活への執着が弱いことをうかがうことができるでしょう。そして別の世界への転生も受け入れており，現実世界からの離脱に対してためらいがない状況を読み取ることができます。反転させるならば，それほどにも現実から受ける抑圧が強い状況下にあるといえそうです。

また，異世界へ移動するさいにはしばしば強い能力を与えられ，それを使って活躍する場面が描かれます。この点についても現実世界での能力の評価と強く関係していそうです。強い能力が求められている表象を反転させて考えるならば，現実世界において自分の能力がそれだけ評価されていないと推測できます。能力を何ももっていないという認識のもと，強い能力や社会的強者としての環境を手に入れることは現実で無力感を感じている人々が求める自己肯定の結果だと考えられるでしょう。

こう考えると，「転生系」が描き出す異世界への転生の表象は，現実を生きながらも抑圧を感じている若者たちが考える理想であり，それを反転させると，かれらの現実世界における抑圧感が強いことを推測することができるのです。

4　おわりに

みなさんどうだったでしょうか。限られた範囲でしたがライトノベルにおいてヒットしているジャンルの特徴とそれを反転させた形での現実のあり方についてみることができたと思います。とくに「日常系」については思い当たるような項目がいくつかあったのではないでしょうか。わかっていながらも「仕方がない」「こうしないとバカにされてしまうから」「できないほうが悪い」と思っていたようなこともこのように考えてみると，1つの抑圧だとみることができます。

この章で扱った内容は，普段からライトノベルを読んでいると身近でわかりやすい問題だったかもしれませんが，それ以外の人にとっても共通している問

題です。そして大切なのはそれぞれが身の回りで起こっている差別や抑圧を認識することです。

　何か問題が起こったときに，それをどうしようもない，関係ないととらえるのでは解決はしません。また，普段生活しているなかで感じられる差別や抑圧は認識しなければ非常に曖昧なままになってしまいます。一人ひとりがお互いを認識し考えることによって，少しずつですがその問題を解決へ導くための間口は広がっていきます。自分にとっても相手にとっても生活しやすい環境をつくっていくことが重要です。

　そのうえで，ライトノベルには読者に対して現実世界と闘おうとするメッセージを発する作品もあります。

　ライトノベルのなかには，登場人物がライトノベルの読者層と重なる場合があるなど，現実世界をメタ的にとらえたものも多くみられます。次に紹介する田中ロミオの『AURA 〜魔竜院光牙 最後の闘い〜』（小学館）は，日常生活で抑圧を受け，異世界に憧れる2人の主人公のやり取りから，異世界的なものに対する強い希求と，それを中心に現実世界と闘う想いが表現されている作品です。以下の一節は現実世界に絶望して，異世界へ行くために自殺（作品内の表現では「帰還」）しようとするヒロインと，以前に異世界的なものに憧れていたために差別・抑圧を受けていた主人公（一郎）とのやりとりです。

　　「帰還なんてやめろよ！　ずっとこっちにいたっていいだろ！」
　　「一郎こそ，この世界が楽しいと本気で思っていると？」
　　「それは」嘘のつけない質問を投げられた。「……そうさ。普通の高校生らしさになじめない人間だよ，俺は。けど，こうやって頑張ってんだろ！」
　　「私は頑張れない」
　　「なんで頑張れないんだよ！」
　　「狭量だから」
　　「誰が」
　　「世界が」
　　ああ，そりゃおまえ——
　　悔しいが認めざるをえない。その通りなのである。
　　俺達は皆，競って狭量であろうとしている。
　　狭量でなければ，怖くて怖くてたまらないのだ。型に押し込められて安心したいのだ。目立ったらキモいというレッテルを貼られるから。

第1部 青　　年

　けど俺は，俺たちは，本当は。
　神を，魔術を，怪物を，神秘を，奇跡を，伝承を，終末を——生きる心添えにしたい。
好きでもないカラオケに行ったり，お洒落に大枚を投じたり，気の合わない人間に尻
尾を振ったりしたくない。
　　（田中ロミオ，2008，『AURA〜魔竜院光牙　最後の闘い〜』小学館，312-313頁）

　文化作品にはライトノベル以外にもさまざまな種類とその世界があることは
冒頭で述べたとおりです。たとえば好きな音楽がある，映画がある，ドラマが
ある，何でも構いません。そこでテーマになっていることはなにか，どういっ
た要素が散りばめられているのか，そのなかで自分が着目したり気になったり
している点はどういったものなのか。これらを考えることによって自分が感じ
ている抑圧を曖昧なものから明確なものへと言葉で表現することができるよう
になります。そうすることで自分の悩みが明確になったり，誰かに相談したり
することができるようになり，解決への道筋を明らかにするステップが大きく
前進します。
　みなさんが自分のことを考えるきっかけを身近なところから見つけること
が，生きやすい世界をつくっていくための第一歩へとつながるのです。

📖 **読書案内**
① 中西新太郎，2011，『シャカイ系の想像力』岩波書店.
② 前島賢，2014，『セカイ系とは何か』講談社.

【山川荘一朗】

❖ コラム① 新聞奨学生が抱える問題

　世間では大学生は自由な存在としてみられがちですが，大学における学びや生活が抑圧される現実は広がっています。

　その一事例が新聞奨学生の存在です。筆者もまた新聞奨学生制度を利用し大学に進学した者の一人で，新聞奨学生として大学生活を過ごしていくなかで，さまざまな問題をみることができました。

　新聞奨学生制度とは，毎日の新聞配達の対価として奨学金と給与が支給される制度です。入学金や授業料等を捻出することが難しい学生が主にこの制度を使っていますが，この制度のもとでの大学生活は非常に抑圧的なものとなりがちです。

　新聞奨学生の朝はとても早いです。午前２時に起床し，そこから朝刊を配ります。朝刊作業が終わった後は，朝食を食べ，学校に行きます。学校で授業を受け，次は夕刊を配ります。18時頃には，配達作業が終わりますが，その後も翌日の作業の準備などの業務があります。それに加え，月末には集金活動があり，日頃の就寝時刻は22時になります。

　また，日々の新聞配達は意外にも重労働であり，慢性的な睡眠不足もあって，非常に体力が求められます。筆者の販売店では休日は週に１日でした。

　これだけでもかなりキツそうだということがわかりますが，かれらが抱える最大の問題は夕刊配達の存在です。この夕刊配達が授業と被っているのです。

　筆者の販売店では，４，５限の時間帯に夕刊配達がありました。そのため，たとえ必修科目であっても４，５限の授業を履修できない奨学生が何人もいました。必修が受けられないのも問題ですが，夕刊配達の存在で自由に時間割を組むことができないのです。「大学での学び」を抑圧されているといえるでしょう。

　授業を受けられないだけが問題ではありません。大学では，さまざまな経験をすることができます。たとえば，サークル活動，留学，学生委員会などといった経験をすることも大学の魅力でしょう。就職活動に励む学生も多くみられます。しかし，新聞奨学生は上記のような生活や労働を日々強いられているわけですから，授業だけでなく，その他の経験や活動すらも制限，はく奪されています。

　さらに，新聞奨学生を途中で辞める場合，それまで給付された奨学金を一括で返済しなければならないため，辞めたくても辞められません。

　こういったように新聞奨学生は，労働によって学生生活を抑圧された存在です。新聞奨学生の歴史は長く，1960年代から各大手新聞社で導入されていきました。新聞奨学生の実態は昔と現在ではほとんど変化しておらず，以前から学びを抑圧された大学生が，少数ですが存在し続けていることになります。

　そして，新聞奨学生の事例は例外的なものではなくなってきています。大学生のアルバイトというと，短時間で負担が少ないものをイメージする人もいますが，長時間労働で高負担の働き方をしている学生も少なくありません。こうしたなか近年では，学生生

第 1 部 青　　年

活を犠牲にするほどの劣悪なアルバイト（いわゆる「ブラックバイト」）が問題視され
ています。

　この背景には，大学の授業料の高騰,「ローン化」をはじめとする奨学金制度の「改悪」
などの大学進学に対する支援制度のぜい弱さがあり，それに加え，親世代の賃金減少に
よる学生の貧困化があります。現在の学生の多くはこういった問題を抱えており，当然
新聞奨学生たちも同様に抱えている問題です。学生全体が，学生生活を成り立たせるた
めに，労働に従事することを強いられている状況だといえます。

　これまで新聞奨学生は問題点を抱えながらも，かなり少数であったことから，「ブラッ
クボックス化」された存在として，焦点が当てられてきませんでした。しかし，上記で
みたように，現在では，新聞奨学生が抱えていた問題が一般学生にも広がっています。
そのため，学びが抑圧されている典型例として，新聞奨学生を一般学生と連続的にとら
える必要があります。

【横山真】

❖ コラム② 同和問題と若者

　4月から6月は，新入社員に対する研修講座に明け暮れます。そこで，担当した講座でのアンケートや発言などから，若者の同和問題に関する意識の傾向を考えてみたいと思います。

　同和問題を正しく理解するためには，「部落差別の実態」，「歴史的背景」，「残存する偏見の問題点」の3つの理解が必要です。これらを理解しながら「差別のおかしさ，解決の必要性」を示している受講生は3割くらい，多くても半数程度でしょうか。むしろ，何らかの偏見をもちながら受講する割合が多い，そう感じています。たとえば，40人程度の研修で，事前アンケートから，いわゆる「寝た子をおこす論」をもっていると考えられる受講生が10人程度，研修後のアンケートから，研修を受けてもなお固持していると思われる受講生が1～2人，という実態です。若者の心のなかにどうしてこのような意識が内在しているのでしょうか。3つの視点から詳しく読み込んでみましょう。

　①「部落差別の実態」　　福岡に来て初めて聞いた，直面してないのでわからない，校区に同和地区があったらしいが差別をみたこともないし差別をしたこともない，過去のことだと思ってた，授業で学んだ記憶はあるが実感がない，など，「部落差別の実態がみえていない」「みえる指導ができていない」なかで育ってきたことがうかがえます。

　②「歴史的背景」　　小中学校における授業において，先生から聞いてもよくわからなかった，残酷な差別，かわいそうだと思った（マイナスイメージ），何か大変なことなんだ，気をつけなくてはと思った（教え方の問題で逆効果），歴史上のできごとで昔のことだから今は関係ないと理解した，など十分な指導ができていなかった状況がみえてきます。かつて，差別の非人間性を強調して指導することで身分制度をつくった階層への批判意識をもたせようとした時期がありました。その結果，社会科学習としての正しい理解が得られないまま，差別（＝被害）ばかりが教え込まれ，まわりの大人からの偏見を受け入れる土壌をつくってしまった，そのように理解できます。

　③「残存する偏見の問題点」　　あそこの地域は○○だから近寄るな（忌避感），行き過ぎた事業，逆差別だ（「ねたみ意識」），わざわざ取り上げないほうがいい，教えるから差別がなくならない（「寝た子をおこすな」），などが代表的な偏見です。これらの偏見は，成長してくる過程で，誰かから教えられない限り思いつくことではありません。

　また，前項の「歴史的背景」を正しく認識するための「学びの過程」や偏見の植えつけに関する予防接種となりうる「教材の提供」が不十分であったこともその一因であろうかと思われます。

　大切なのは，差別はみえていないだけで，陰湿化，潜在化して私たちのくらしのなかに現存していることです。学校のまわりに半年で連続50数件の差別落書きをする，身元調査のために司法書士らが2万枚にも及ぶ偽造書類を作る，不動産売買時における土地差別調査，などが近年起きています。ネットによる部落地名等の拡散，差別的な書籍の

第1部 青　年

ネット販売未遂事件なども起こっています。差別の実際を知る積極的な機会を得るよう
努めてほしいところです。

　歴史的背景を正しく学ぶことで，偏見の植えつけに対する予防接種的な効果が期待で
きます。ここではポイントのみ，お伝えします。①戦国期までに庶民に浸透した差別意識，
②豊臣政権から江戸幕府によって確立した身分制度と差別の強化，③差別制度が撤廃さ
れたのに社会的に差別を強化していった明治，大正期，④戦後の同和対策事業と市民意
識。とりわけ，冒頭で紹介した「寝た子をおこすな論」については次のような指摘があ
ります。①偏見の植えつけは放置しておきながら，正しいことを伝える行為のみを禁止
していること。②そっとしておけばいつかはなくなる，という考えは，差別がなくなる
までしばらくは我慢しておけ，という他人ごとの考えです。当事者意識の欠如した考え
であり，これが学校のいじめだったらどうでしょうか。

　このように，同和問題に関する意識形成は，情報伝達の内容と手法によるところが大
きいことをふまえ，まずは，この本を読まれるみなさんが，上記の視点から正しい認識
をもつように努めていただくことをお願いしながら，このコラムを閉じたいと思います。

【笠原嘉治】

［第２部］

貧困・高齢者・病

　第２部では，現代の排除や抑圧について，発展的に論じます。具体的なテーマとしては，社会構造の変化によって，排除のあり方そのものが変容している「貧困」「高齢者」「ハンセン病問題」を取り上げます。

　まず**第４章**では，日本社会に広がる貧困イメージの偏りを指摘し，相対的貧困やワーキングプアの社会問題化をふまえて，私たちが貧困のとらえ方を転換させていくことの重要性を論じます。そして**第５章**では，日本の大学で教鞭を執るドイツ出身の研究者の視点から，日本社会が抱いている高齢者のステレオタイプや高齢者差別について学びます。「フツー」の高齢女性たちがともに暮らす「共生型居住」という新しい住まい方を事例として取り上げ，多様な高齢者像（生き方や居住スタイル）へと開かれる必要性が強調されています。さらに**第６章**では，ハンセン病と診断されることによって，社会から隔離され，排除されてきた人々の問題を扱います。ハンセン病療養所を訪れた大学生たちが，入所者との出会いを通じ，その苦悩や悲しみに対して，他人ごとではなく，自らの問題として向き合っていく姿から，私たちは何を学ぶことができるでしょうか。

　いずれの章でも，現実の排除や抑圧を前提としつつも，そこからインクルーシブな社会を実現させていくための方途を探ります。

【本多康生】

第4章　貧困による差別・抑圧

　みなさんは，「貧困」ということばを聞いて，どのようなことをイメージしますか？　「貧困はとにかく苦しい状態だ」と思う人もいるでしょうか。あるいは，特定の国・地域の様子が具体的に浮かぶ人もいるでしょうか。

　実は，この「貧困」ということばの意味について，日本の多くの人々に非常に限られた形でイメージされている現状があります。そしてその狭い貧困イメージによって，とくに近年，貧困を訴える人々や生活に苦しんでいる人々に対して差別・抑圧が起きています。

　この章では，貧困による差別・抑圧をテーマにして，差別・抑圧をしないためにはどのような貧困のとらえ方をしていく必要があるのか，そして貧困にどのように向き合っていく必要があるのかについて，考えていきたいと思います。

1　日本の人々がもつ貧困イメージを象徴する事例

　早速ですが，みなさんに質問です〈ワーク4-1〉。

〈ワーク4-1〉

　以下の事例を読んで，みなさんはどのような点で問題があると思いますか？　この事例のどのような点が問題なのか，そして問題だと思う理由は何かについて，挙げてみましょう。

　2016年8月，NHKのニュース番組にて，子どもの貧困に関する報道がなされ，そのなかで貧困状態にある一人の女子高校生が出演しました。女子高校生は放送のなかで，アルバイトで家計を支える母と2人暮らしであること，将来はデザイン系の仕事をするのが夢であるが，母子家庭の経済的事情により進学を諦めざるをえない状態にあること，自宅アパートに冷房が無い状態で生活していること，自宅にパソコンが無く，学校のパソコンの授業のために母にキーボードだけ買ってもらって練習したことなどについて，彼女の自宅での様子を映しながら語っていました。

第4章 貧困による差別・抑圧

しかしこの放送後，インターネット上を中心に，女子高校生に対して激しいバッシングがなされました。それは，放送中に映った自宅の映像から，アニメグッズが沢山あることや，高価な画材があるといったことを指摘するものでした。また番組の内容だけにとどまらず，女子高校生のものとされるツイッターアカウントが特定され，そのツイート内容から映画を観ていることや1000円のランチを食べていることなどをもち出し，「貧困ではない」といった非難がなされました。さらには，国会議員の片山さつき氏もバッシングに便乗し，非難をしました。

さて，いきなり質問をしましたが，みなさんはどのようなことを考えたでしょうか？　「女子高校生が貧困らしい生活をしていないことが問題だ，バッシングは当然」と思う人もいれば，「生活が苦しくても趣味を楽しむのはフツーだ，バッシングするのはおかしい」と思う人もいるかもしれません。

バッシングの事例をどのような問題として考えるのかという問いは，実は貧困概念をどのようにとらえるのかということと関係しています。とらえ方次第で，貧困状態にある人々や自分自身を差別・抑圧してしまう危険性をはらんでいるのです。以下では，この理由を考えるために，そして貧困による差別・抑圧に気づいて向き合っていくために，みなさんと学んでいきたいと思います。

2 貧困とはどういう概念か

では，そもそも「貧困」とはどのような意味をもつことばなのでしょうか。意味を正しくおさえることは，貧困問題を考えていくうえで非常に重要な作業です。まずは，ここからおさえていきましょう〈ワーク4-2〉。

(1) 日本には貧困は無い？

〈ワーク4-2〉
　みなさんは，以下のAさんの貧困イメージについて，どう思いますか？
　　　　　　◇
　貧困は，アフリカなどの発展途上国にある問題だと思います。食事がまともにとれず，服もボロボロで，住む場所も無いような状態です。だから，日本に貧困は無いと思います。だって，そんな人ほとんどいないでしょう。

49

第２部　貧困・高齢者・病

どうでしょう。「自分のイメージと同じだ！」と思う人もいるでしょうか。おそらく，多くの人が抱きやすいイメージなのではないかと思います。発展途上国の厳しい生活の様子は，メディアでたびたび報じられますし，学校の授業などでもふれたことがあるかもしれません。

しかし，Ａさんのような貧困のとらえ方は，実はかなり狭いとらえ方です。

貧困をみていくうえでは，とりわけ重要な視点があります。それは，「絶対的貧困」と「相対的貧困」というとらえ方です。

まず絶対的貧困というのは，明日生きていけるのかもわからない，生命を維持していくことが困難な状態のことを意味しています。Ａさんの貧困イメージは，まさにこのようなとらえ方でしょう。しかし，絶対的貧困の定義で日本の貧困をとらえようとすると，衣食住に事欠くほど困窮しているような状況にある人は，（もちろん，存在していることには注意が必要ですが）あまりいないと思います。Ａさんも，このイメージで日本をみることで，「日本には貧困はほとんど無い」ととらえていました。

対して，相対的貧困というのは，絶対的貧困ほど生きるか死ぬかスレスレという状態ではなく何とか生きてはいけるけど，自分が今いる国や社会・時代のなかで「フツー」に生活していくことが困難な状態にあることを意味しています。日本も含めた先進国においては，この相対的貧困のとらえ方によって貧困を議論していく必要があるのです。

（2）相対的貧困ってどういう意味？

では，相対的貧困として貧困をとらえていくとき，具体的にどのように考えていくべきでしょうか。その考え方として，阿部彩（『弱者の居場所がない社会——貧困・格差と社会的包摂』講談社，2011年）が以下のように述べています。

　相対的貧困とは，その社会のほとんどの人が享受している「ふつうの生活」をおくることができない状態と定義される。
　「ふつうの生活」の中には，食事，衣服，住宅の「衣食住」はもちろんのこと，就労やレクリエーション，家族での活動や友人との交流，慣習といったことが含まれる。ただ単に労働能力を維持するだけであれば，家畜でも奴隷でも同じである。貧困でない生活には，人としての尊厳や人権が守られ，社会参加の機会が保障されていなけれ

第4章　貧困による差別・抑圧

ばならない。その「ふつうの生活」，たとえば，働いたり，友人や親戚と付き合ったり，結婚したりするためには，ただ単に寒さをしのぐだけの衣服ではなく，人前に出て恥ずかしくない程度の衣服が必要であろうし，電話などの通信手段や，職場に行くための交通費なども必要であろう。そしてそれらの費用は，社会全体の生活レベルによって決定される。このように考えるのが，相対的貧困である。

(阿部（2011）65頁)

　以上の阿部の定義からうかがえるのは，単に衣食住を満たして生きるというだけではなくて，就労や，家族や友人・地域の人々との交流・活動などといった社会参加の機会を保障すること，そして社会参加を可能とするために必要なものごとを保障するという視点が求められているということでしょう。

　みなさんも，日本社会で「ふつうの生活」をおくるためには何が必要かという形で考える時，上に挙げられているようなことは少なくとも必要だと感じる人が多いでしょう。実際に阿部は，日本の人々に，「現在の日本の社会において，ある家庭がふつうに生活するためには，最小限どのようなものが必要だと思いますか」（阿部（2011）76頁）と尋ねた調査を行いました。すると，8割以上の人々が，「医者にかかれること」や「電話」といった項目を「絶対に必要である」と答えたことが明らかになっています。また「冷房・暖房（エアコン等）」「電子レンジ」といった家電をはじめ，「親戚の冠婚葬祭への出席」「死亡・障害・病気などに備えるための保険料」「毎月少しずつでも貯金ができること」なども過半数の人々が「絶対に必要である」と答えています。ここから阿部は，日本の人々は単に「モノ」だけではなくて，他者との付き合いや「安心」にかかわることも「ふつうの生活」に必要と認識していることを述べています。貧困を考えていく時はこのように，日本社会で「ふつう」に生活するためには・不自由なく生活するためには何が必要なのか，という視点での考え方が求められています。

（3）貧困は社会的に解決すべき問題

　相対的貧困の考え方が重要であることに加えて，貧困は社会的に解決すべきものだという考えをおさえる必要があります。その根拠は，国民の基本的人権を定めている日本国憲法にあります。憲法第25条に「生存権」として，「すべ

第2部　貧困・高齢者・病

て国民は，健康で文化的な最低限度の生活を営む権利を有する」「国は，すべての生活部面について，社会福祉，社会保障及び公衆衛生の向上及び増進に努めなければならない」として明記されています。つまり，国民には「最低限度の生活」を保障される権利があり，国はそれを保障していくためにさまざまな制度を整備していく義務があるのです。そして，「最低限度の生活」が保障されないことは，人権が侵害されているということです。

　実際，「貧困」ということば自体にも，社会的に解決すべきという意味が含まれています。岩田正美（『現代の貧困―ワーキングプア／ホームレス／生活保護』筑摩書房，2007年）は，「貧困は，『社会にとって容認できない』とか『あってはならない』という価値判断を含む言葉である」（29頁）ということ，そして貧困が「発見」されることによって，貧困を解決すべきだという，社会にとっての責務が生じると述べています。

　以上からうかがえるのは，貧困は，個人の責任であって，個人で何とかすべき問題ではなく，貧困は社会の責任であって，社会がその解決のために努力すべき問題であるということです。

　以上，貧困を日本でとらえていく際，相対的貧困という概念がとても重要であること，そしてそれを社会的に解決していく必要があるということについてみていきました。こうしたとらえ方をおさえるかおさえないかによって，日本の状況の映り方も大きく変わってくるはずです。なんとなくのイメージで貧困をとらえることは，本来貧困として考えるべき多くのことを見落としてしまいます。その危険性に，気づく必要があるのです。

3　偏った貧困イメージがもたらす差別・抑圧

　2では，日本における貧困のとらえ方について確認してきました。しかしながら日本の多くの人は，絶対的貧困のとらえ方や，貧困を個人の責任とするとらえ方によって認識しているのが実情です。そして，そうした認識ゆえに貧困状態にある人々を差別・抑圧してしまう状況が起きているのです。それは実は，1で取り上げた女子高校生へのバッシングの事例に，象徴的にあらわれています。ここではもう一度〈ワーク4-1〉に立ち返り，この事例のどのような点が

第4章　貧困による差別・抑圧

どのような理由で問題なのか，**2**で確認した貧困概念を用いながら考えていきましょう。

　事例では，「1000円のランチをしているから貧困じゃない」といった旨のバッシングがなされていましたが，これを言い換えるならば，女子高校生に「そのような生活ぶりで，貧困だと訴えるべきではない」「生活が苦しいと訴えるのであれば，贅沢するべきではない」ということでしょう。しかし，**2**でも確認したように，日本で貧困をとらえる際には相対的貧困の視点が必要です。こうしたバッシングは，「貧困とは目に見えるようにみすぼらしい状態だ」といったような絶対的貧困の考え方がベースにあり，相対的貧困の視点が欠如しているために生じたものといえます。

　まず事例の女子高校生は，母子家庭の経済的状況からパソコンやクーラーが買えなかったり，希望する進路を選択できなかったりしている状況にありました。今や日本社会ではパソコンやクーラーが家庭にあることは「フツー」の生活をおくるために必要といっても過言ではありません。また，高校卒業後の大学・短大・専門学校などへの進学率が今や4分の3を超え，職業世界もそうした層が有利になっている現状のなかで進学機会を得られないことは，彼女から社会参加の展望を狭めているともいえます。女子高校生が自身の貧困状態を訴えることはまっとうであり，こうした状況を社会的に解決していく必要があるのです。

　そして，このように生活が苦しい状況のなかでも，ランチをしたり映画を観たりすることは，社会参加や「フツー」の生活をおくるためには必要なことであり，決して「無駄遣い」や「贅沢」ではないし，これをしているからといって「貧困ではない」にはなりません。実はこの女子高校生へのバッシングがなされているなか，バッシングに抗議するべくAEQUITASという若者の団体が，新宿でデモを行いました。この団体の中心メンバーである栗原耕平さんが，スピーチのなかでとても興味深いことを述べています。「生活に困っていたら，ライブや映画に行っちゃいけないのでしょうか。友達と飲みに行ってはいけないのでしょうか。そんなことはないはずです。生活に困っていたって，いや，困っているからこそ，明日なんとか生きていくための糧を得たい，そう思うのは自然のことでしょう。そのささやかな余裕は，人間らしい生活に不可欠な，当た

53

第2部　貧困・高齢者・病

り前のもののはずです」（『IWJ INDEPENDENT WEB JOURNAL』「『貧困叩きは今すぐやめろ！』『税金使って貧困なくせ！』AEQUITAS（エキタス）が主催する『生活苦しいヤツは声あげろ　貧困叩きに抗議する新宿緊急デモ』」2016年8月27日［URL：https://iwj.co.jp/wj/open/archives/327983］［2017年12月26日アクセス］）。みなさんも，このような経験はよくあるのではないでしょうか。とてもきつい時ほど，好きなことをしたり息抜きしたりすることで，そうした状況を乗り切っていけるはずです。しかしながら，こうした実情を無視して「貧困なのに贅沢な暮らしをしている」といったバッシングをすることは，社会的に解決されていく必要のある女子高校生の窮状をみえないものにし，「苦しい」と声をあげられないまま貧困のなかに閉じ込めてしまう危険性があるのです。

　以上，事例を通して差別・抑圧の実態とその問題性についてみていきました。狭い貧困概念によってものごとをとらえていくことは，貧困を解決していく方向ではなく，貧困をみえないものにし，解決を遅らせる方向に向かわせてしまいます。**2**でおさえた貧困概念を出発点として，問題をとらえなおしていく必要があります。

4　日本全体に広がる貧困

　ここまで，偏った貧困イメージをもつことが，貧困状態にある人々に対して差別・抑圧をしてしまうことをみていきました。

　では，貧困状態にある人は日本にどのくらい存在していると思いますか？

　ここまで，貧困を「自分ではないある特定の人々が置かれている状況」とか，「自分は貧困の当事者ではない」として，無意識に感じながら読み進めてきた人も多いかもしれません。しかし実は，近年貧困が多くの人にとって非常に身近なこととして広がってきているのです。具体的にどのような状況が広がっているのか，数字をもとにみていきましょう。

（1）日本ではどのくらいの人々が貧困なのか

　2では，相対的貧困の概念について確認しましたが，日本政府も相対的貧困の考え方をベースにして貧困率を出しています。それによると，2015年では

第4章　貧困による差別・抑圧

図4-1　政府統計と後藤・今野による推計の貧困率の年次推移

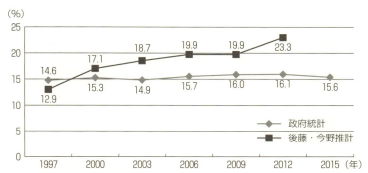

出所：厚生労働省『平成28年国民生活基礎調査の概況』，今野晴貴，2017，「見てわかる貧困・格差の実態と構造」エキタス＋今野晴貴・雨宮処凛『エキタス　生活苦しいヤツ声あげろ』（かもがわ出版）57頁より筆者作成。

15.6％の人々が貧困であることが発表されています（図4-1）。つまり，日本の人々の約6人に1人が貧困状態にあるのです。

「こんなに存在するのか」と驚いた人もいるでしょうが，もう少し別の角度からみると，貧困率はさらに上がることも示されています。というのも，政府の出し方は全国民の年収の中央値の半分以下を「相対的貧困」と設定しているため，国民全体の年収が下がると，「相対的貧困」のラインも下がってしまうからです。後藤道夫（2011）や今野晴貴（2017）はそれに異議をとなえ，生活保護基準を用いて推計を行いました。生活保護基準とは，「最低限度の生活」をおくるのに必要な収入基準を国が定めているもので，このラインを下回ると国による生活費などの支援（生活保護）が適用されるものです。その基準を用いて貧困率を推計すると，たとえば2012年では，政府統計が16.1％であるのに対し，23.3％と出ています（図4-1）。

いずれにしても，貧困はごく限られた人々の問題ではなくて，とりわけ近年身近な問題として広がってきているのです。

（2）貧困は働いている人々にも広がっている——ワーキングプアの急増

（1）では，多くの人々が苦しい状況で生活していることがわかりましたが，こうした高い貧困率のなかには，働いている人（勤労世帯）も多く含まれてい

第2部　貧困・高齢者・病

図4-2　所得階級別雇用者の割合（2012年）

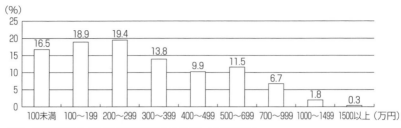

出所：総務省統計局『平成24年就業構造基本調査』より筆者作成。

ます。このことは，「ワーキングプア」ということばで語られています。ワーキングプアとは，「フルタイムで働いている，あるいは働こうとして仕事を探しているにもかかわらず，生活保護基準以下の収入しかないという人たちのこと」（後藤（2011）75頁）です。先ほどの後藤（2011）の試算では，2007年で国民全体の貧困率が22.3％であるなかで，ワーキングプアは19.0％存在することが示されています。

別の角度からもみてみましょう。図4-2は，働いている人が主な仕事から得ている年間収入の分布をあらわしたものです。これをみると，300万円未満に位置する人々が全体で5割を超えていることがわかります。

また，図4-3は，雇用形態別に所得の分布を示したものですが，パート・アルバイトといった非正規労働者の所得はほとんどが200万円未満に位置しており，一方で正社員でも約3割の人々が300万円未満に位置しています。養輪明子（2013）は，300万円という所得は，貧困に近い所得であると述べています。**第1章**では，正社員として働き生活することは「フツー」で「安泰」な生き方ではなくなってきていること，また非正規労働者として生活をおくっていかなければならない人々が増加していることについてふれましたが，そのことにかんがみると，非常に多くの人々が厳しい状況で生活していることがわかります。

（3）貧困が広がっているのはなぜ？

ではなぜ，とりわけ近年貧困が広がっているのでしょうか。

まず挙げられるのは，人々の働き方のシステムが変わったことです。**第1章**

56

第4章　貧困による差別・抑圧

図4-3　雇用形態ごとの所得階級別雇用者の割合（2012年）

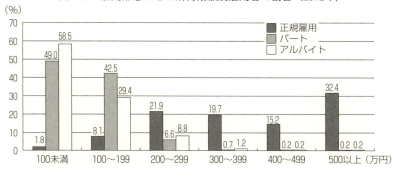

出所：総務省統計局『平成24年就業構造基本調査』より筆者作成。

では，正社員が減少し非正規労働者として働いている人が急増していること，一方で正社員といえども低賃金・長時間労働といった劣悪な働かされ方が広がっていることを確認しました。このように働き方のシステムが変わったことにより，多くの人々が苦しい状況での生活を余儀なくされているのです。

　もう1つの大きな理由は，社会制度がとても弱いことが挙げられます。なかでも子育て支援や職業訓練，失業者への生活支援といったような勤労世帯を対象とした保障がとりわけぜい弱です。このぜい弱さの背景には，社会制度整備の代わりに，企業で勤めあげて賃金を得ることによって生活にかかる諸費用をまかなうことが，日本で主流となっていたことが挙げられます。また，職業訓練もその企業のなかで行われ，定年まで勤めることが基本とされてきた背景から，失業者などへの諸制度も不十分なままとなってきました。本来整備されるべき社会制度が発達しないまま，働き方のシステムが変わった現在を迎え，苦しい労働と生活のなかに置かれている人々が急増してきたのです。

　以上，数字をもとに日本全体に広がる貧困の状況をみてきました。これらが示唆するのは，貧困が決して遠い問題ではないということ，そして自己責任で貧困に陥るのではなく社会の構造の問題によって貧困が生まれているということです。

第2部　貧困・高齢者・病

5　「自分の問題」としての貧困──「苦しい」を共有し合える社会へ

　この章では，狭い貧困イメージをもつことゆえに，貧困状態にある人々を差別・抑圧してしまっている現状をみてきました。また，貧困はある特定の層の人々が置かれている問題ではなくて，人々の身近に広がっている問題であることを確認してきました。

　「貧困は自己責任」だとか「貧困は生きるか死ぬかスレスレの状態のことだ」などと偏った貧困イメージをもち続けることは，事例の女子高校生のように貧困を訴える人々に対してだけではなく，「フツー」に働いて生活していると考えている人の抑圧にもつながります。「自分は貧困じゃないから，生活が苦しいと声をあげることは許されない」「苦しいのは自分の努力が足りないからだ」と，自分を抑圧させてしまうのです。そして，そうした感覚が，社会制度を整備させる方向ではなく，弱体化させる方向へと向かわせてしまい，さらに悪循環となってより強固な差別・抑圧が生み出され，社会が分断されていきます。

　必要なのは，正しい貧困概念を身につけ，「自分の問題」として貧困に向き合っていくことです。私たちが日々大なり小なり抱く「生活が苦しい」という感覚は，決して「自分が甘いからだ」とか「もっと苦しいヤツはいる」「そんなの苦しいのうちに入らない」などと否定されるべきではありません。一人ひとりが「生活が苦しい」と当たり前に発していいのであって，それを社会全体で共有していくことが必要なのです。私たちがこのように貧困のとらえ方を転換させていくことは，貧困を生み出している根源である社会制度や労働市場の劣悪なあり方に「NO」を突きつけ，社会全体で貧困の解決に向けて真剣に向き合っていくための土台をつくっていくことにつながるはずです。

📖 読書案内

① エキタス＋今野晴貴・雨宮処凛，2017，『エキタス　生活苦しいヤツ声あげろ』かもがわ出版.
② 後藤道夫，2011，『ワーキングプア原論─大転換と若者』花伝社.
③ 中西新太郎・蓑輪明子編，2013，『キーワードで読む現代日本社会　第2版』旬報社.

【白谷美紗樹】

第5章　高齢者への差別・抑圧

1　高齢者の実態と高齢者差別

（1）高齢者をめぐるイメージ

　白髪の女性が電車で偶然隣に座った中年の男性と会話をしました。男性から「どちらにお出かけですか。」と聞かれ，女性が答える前に「きっとご友人とお茶じゃないですか。」と男性自ら言ってきます。「違います。」と女性は答えました。「大学で授業を担当していて，通勤途中です。」

　この会話は，高齢者差別を紹介するウェブサイトに掲載されていました。ここでは一体何が起きていたのでしょう。中年男性がもつ高齢女性のイメージはどのようなものだったのでしょうか。なぜ女性はこのような日常的な体験をこのウェブサイトに送ったのでしょうか。男性と女性が逆だったらこのようなことは起こったでしょうか。

（2）高齢とは，高齢者とは

　高齢とは何か，高齢者とは誰か，この質問に答えるのは容易ではありません。私たちは生まれてからつねに少しずつ加齢していきます。その過程のなかで，いつの時点から「高齢者」と呼ぶかについて一般的な決まりはありませんし，生物学的・医学的な体の老化についても個人差が大きいです。

　年をとることは単純に体の変化だけではありません。年をとることで社会のなかでの役割も変化します。人間の誕生から死までの過程は社会学ではライフコースと呼びます。このライフコースは幼年期・児童期・青年期・壮年期・老年期などの「ライフステージ」に分けるのが現代では一般的です。ライフステージは入学，卒業，就職，結婚，子どもの誕生，子どもの独立，退職などのような出来事（ライフイベント）と結びついています。社会のなかで生きている限り，年齢やライフステージに合わせた役割や態度が期待されます。みなさんも「も

59

第 2 部　貧困・高齢者・病

う子どもではないんだから！」と言われた経験があるでしょうし，自分自身に
対してそう思ったこともあるでしょう。

　しかし，「子ども」は何歳まで，「大人」は何歳からという決まりが曖昧であ
るのと同じく「高齢者」というライフステージを特定の年齢と結びつけるのは
難しいです。しかも，期待されることも文化や社会によって大きな差があり，
普遍的なものはありません。「高齢期」はそれぞれの時代，それぞれの社会で
さまざまに定義されてきたのです。社会学の観点からいえば，高齢期は社会に
よって構成されるといえます。江戸時代には「人生50年」ということばがあり
ました。それはほとんどの人が50歳まで生きて，50歳で死ぬという意味ではあ
りません。江戸時代でも60歳，70歳まで生きた人は大勢いました。しかし，医
療が充実していなかったため，成人になる前に亡くなる確率が約50パーセント
ととても高く，平均寿命は30から40歳だったといわれています。日本で平均寿
命が50歳を超えたのは20世紀も半ば，1947年になってからなのです。

　現在，日本の行政では65歳を高齢期の境目と決めており，「高齢者」は現在
の日本の人口の大きな部分を占めています。高齢者率の増加の背景にはいくつ
かの要因がありますが，とくに大きいのは20世紀に入ってから，医学が進歩し，
医療制度が充実したことです。出生率が減少し，子どもの割合が少なくなった
ことも大きく影響しました。総人口に占める65歳以上の割合は明治時代以降か
ら1955年までは 5 パーセント前後にとどまっていましたが，1970年には 7 パー
セントを超え，日本はいわゆる「高齢化社会」に入りました。2015年にはこの
割合は全人口の 4 分の 1 以上，27パーセント弱まで伸びました。2035年の時点
では，高齢者が人口の 3 分の 1 になると考えられ，その後も少しずつ増加する
と推計されています。

　2018年現在，65歳から100歳以上の35年間を「高齢者」と一括りで呼ぶのは
難しいので，65歳から74歳を前期高齢者，75歳から89歳を後期高齢者，90歳以
上の人を超後期高齢者とする定義も使われるようになりました。しかし，この
定義もまた行政上の分類以上の意味があるでしょうか。平均的な高齢者像を描
くことはできるとしても，実際は人それぞれ誕生以来異なった身体的・知的な
発達を遂げてきています。子どもの間に成長の差があるように65年過ぎても人
のタイプや人生が多様なのは当然のことです。60歳にならないうちに認知症や

第5章　高齢者への差別・抑圧

寝たきりになる人もいれば，95歳で元気にお店を経営する人もいます。90パーセント以上の人が65年以上生きている現在ですが，「高齢期はこういうことだ」と一言で言い切るのはほぼ不可能でしょう。いつか「高齢者」の行政上の定義が70歳以上の人，もしくは75歳以上となる可能性もあります。

　改めて高齢とは何かという質問に戻ると，高齢になるということは生物学的な過程であると同時に社会的に決められ，定義される現象だといえます。20世紀後半から急激に進む高齢化のなかで，一般的なライフコースも変化していきますが，高齢者に対する社会的期待はどう変わっていくでしょうか。以下では現在起きている高齢者に対する期待の変化，またそのなかでもとくに高齢女性の住まいについて考察していきます。読者のみなさんも社会からの期待と自身のライフコースを考えるきっかけにしてみてください。

2　高齢者像・ステレオタイプ・高齢者差別（エイジズム）

（1）高齢者像——予想と現実の差

　「大人」になることに関しては多くの人が前向きな気持ちでみているのに，高齢になりたいと思う人がほとんどいないのはなぜでしょうか。高齢や高齢者と聞くと何を想像しますか。白髪やしわ，足が悪かったり，忘れっぽくなったりする人を想像するかもしれません。高齢者はやさしい，色々教えてくれると思う人もいるでしょう。大学の授業で学生に「高齢者ということばを聞くと何を想像しますか」と質問しました。以下は学生の答えをタグクラウドでイメージ化したものです（図5-1）。

　多数の調査で若い人（高齢者ではない人）がもっている高齢者のイメージは，高齢者自身が語る現実とは大きく異なるという結果が出ています。これは高齢に関するマイナスのイメージについても，プラスのイメージについてもいえます。2009年にアメリカで行われた若い人や中年の人に対するアンケート調査で高齢者に対して「病気」，「物忘れ」，「孤独感」，「必要とされていないと感じている」などネガティブな特徴が当てはまるかという質問に対し，ほとんどの人が大いに当てはまると答えています。日本でも似たような結果になるでしょう。しかし，現実にそのような経験をしている65歳以上の人は若い人が考えるより

61

第2部　貧困・高齢者・病

図5-1　高齢者というと……学生の高齢者のイメージ

出所：筆者作成。

もずっと少ないのです（図5-2）。逆に，若い人や中年の人が想像しているほど，高齢者は高齢期のポジティブなイメージである「若い時よりも家族と時間を過ごす」，「旅行する」，「趣味に時間をかける」といった時間を過ごしてはいません。つまり，私たちが思っている以上に高齢者は健康で，私たちが想像するほど「高齢」は暮らしに影響を与えないのと同時に，年を重ねることで良い面があるのも間違いありませんが，私たちが思っているほど多くはないのです。

高齢期は突然起こり，人間，そして人間の人生を根本的に変えるのではありません。人間の身体や生活は少しずつ変わっていきます。高齢期は今までの人生の延長線上にある，この当たり前のことを私たちは忘れがちです。

高齢者像に関する最初の調査は1976年に高齢期研究を専門にするアメリカの学者アードマン・B. パルモアによって行われました。この『加齢の事実に関するクイズ』はその後多少の変更があったものの現在でも世界中で参照されています。興味があれば次のウェブサイト（https://kaigoyobou.tmig.or.jp/kintore/gen2/palmorequiz/palmore.html）にクイズがありますので，ぜひやってみてくだ

第5章　高齢者への差別・抑圧

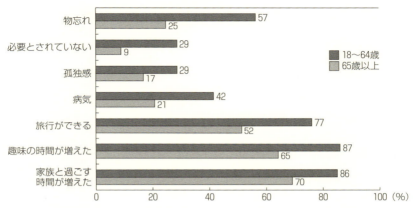

図5-2　高齢者に対する予想と現実

出所：Pew Research Center, 2015, *Social & Demographic Trends*, http://www.pewsocialtrends.org/2009/06/29 /growing-old-in-america-expectations-vs-reality/（2018年1月20日）から筆者作成。

さい。

（2）ステレオタイプから差別へ

　これまで述べてきたとおり，若い人がもっている高齢者像と現実の高齢者の間には大きなずれが生じています。冒頭の女性の話もその好例です。人種，ジェンダー，階級と同様，年齢に関しても社会がヒエラルキーを構築し，序列化します。高齢者でいえば，つねに年齢とその年齢から一般的に想定される身体・精神的な機能の低下ばかりが注目されます。人間一人ひとりの多様な性質を認識するのではなく，「高齢」だけがその人の性質と考えられるのです。さらに「高齢」は「病気」と同一視されることも多く，高齢者は社会問題化されます。

　私たちは自らがもっている高齢者のイメージによって，高齢者のあるべき姿を決めてしまっています。そこから「高齢者だから……」というステレオタイプな考え方が生まれています。高齢者像のステレオタイプにはやさしいおばあちゃんから「いじわるばあさん」，弱そうな，無力な老人から，権力を握り続けている政治家など，肯定的なものから否定的なものまでわかりやすいイメージが混在しています。このような過剰に単純化された高齢者のイメージは私た

63

第2部　貧困・高齢者・病

ち個人の高齢者への接し方に当然影響してきます。またステレオタイプが固定化，普遍化し，社会規範・通念を変化させてしまいます。結果として「高齢者はこうあるべき……」という社会の期待がつくられ，高齢者政策や福祉の形を決定づけてしまいます。さらには，これらの社会通念を若い時にもった人たちは自身が高齢者になったときにこの社会通念に意識や行動をしばられます。高齢者が新しいことにチャレンジしようとしても，周りが心配したり，高齢者自身も周りを心配させたくないと考え，あきらめてしまうことも多いでしょう。

　高齢社会が一気に進んだ現代ではありますが，歴史的にはどのような高齢者像があったのでしょうか。みなさんは昔のほうが高齢者は尊敬されていたというイメージをもっていませんか。実際には昔のほうがかならずしも高齢者が尊敬されていたというわけではありません。知恵の豊富な人というイメージもあれば（江戸時代では「年寄り」には指導的立場をもっている人という意味もありました），働けない高齢者は役に立たない，食べさせなくてはいけない余計な人とされることもありました。歌川国芳の浮世絵（田家茶話六老之図）からは，体の問題を抱えていたり，頑固だったり，おしゃべりだったりといったイメージがみえてきます。さらにいえば，歴史資料に高齢女性が登場するのは稀でほとんどが高齢男性です。

　20世紀以降は，高齢期まで生きる人の割合が大幅に増加し，高齢者の社会的地位や役割も大きく変化しました。経済的な発展でより多くの高齢者が豊かな生活を送れるようになり，医療の発展により元気に長生きできる高齢者も増加しました。同時に急激に増加した高齢者は近代社会のなかで居場所を見つける必要性に迫られます。人生の大きな割合を占めるようになった高齢期というライフステージの社会における役割が求められるのです。人生経験から生まれる知恵と知識で尊敬されていた高齢者像は廃れ，「古い」，「遅れている」というような否定的なイメージ・態度も目立つようになり，高齢者率の増加は「社会問題」になり，「社会への貢献が少ない」，「若い人の負担になる」，「社会的コストである」とまでいわれるようになりました。ただし，医療コストに関していえば，高齢化はヘルスケア産業の成長や医療の進歩にもつながっているという面もありますし，高齢者の医療コストのほとんどが人生の最後の年（死の直前）に起こるので平均寿命が伸びたからといってコストが増加したわけではないと

第5章　高齢者への差別・抑圧

いう反論もあります。

　高齢者のステレオタイプは差別につながることがあります。高齢者に対する差別や偏見は英語で「エイジズム」ともいいます。「エイジズム」はage（＝年，年齢）からつくられた言葉で，「レイシズム＝人種差別」，「セクシズム＝性差別」と同じく，対象にism（＝主義）がつくことで差別を表します。エイジズムは正確には高齢者に限らず，ある年齢集団から他の年齢集団への差別を意味します。しかしながら高齢者に対する差別が最も問題視されているので，その意味で使う場合がほとんどです。

　高齢者差別とは何でしょうか。それはたとえば「高齢者」であるがために，高齢者のステレオタイプなイメージから判断し，その高齢者の能力などを評価することを無条件に止めてしまうことです。これは「高齢者」のさまざまなチャンスを奪うことになります。強い言い方になりますが，人間としての価値を否定しているともいえます。ある年齢を超えた時から，ルールとしてできない仕事も多く，必要とされる能力がないとされ，「高齢者」自身ももうできないと考えてしまうことが多く見られます。『マイ・インターン』というナンシー・マイヤーズ監督の2015年のコメディ映画はこれを見事にあらわしています。

　とくに女性に対するプレッシャーは大きいです。冒頭の例のようにステレオタイプな高齢者像に直面し，十分に評価されないと感じることが日々あります。つねに年齢だけで判断される，しかもその年齢に対する否定的なイメージを経験しないといけないとすれば，自分自身に対する考え方も否定的になってしまうでしょう。つまり高齢者の自尊心が低くなってしまうのです。しかも，これが差別であるという意識は高齢者自身もあまりもたない傾向があります。自ら活動範囲を制限して，自主性を失っていきます。このように社会文化的に若さだけが理想であるとすれば，年をとることは辛いだけになってしまいます。自分が年をとったときに，このように考えられ，自分自身もその考えにしばられてしまったら悔しくありませんか。

第2部　貧困・高齢者・病

3　女性高齢者の住まい

（1）データからみた女性高齢者の住まい

　ここからは高齢女性の住まいという具体的な課題について考えていきたいと思います。高齢者女性は高齢者差別に加え，女性であるがゆえの差別にあいやすいです。まず，平均寿命をみても明らかですが，男性よりも女性のほうが長生きで，また妻のほうが夫より年下のケースが多いです。65歳以上の人口の57パーセント，85歳以上の人口の70パーセントは女性です。つまり高齢者の男女比率は半々ではなく，どの年代でも女性のほうが多く，妻は高齢期において，夫に先立たれる可能性が高いのです。その時まで，夫婦だけで暮らしていた場合，一人になった時にどのような暮らし方を選べばよいでしょうか。子どもに呼び寄せられるか，今まで暮らしていた家で一人で住み続けるか，一人暮らしのための新しい家にするか，選択肢はさまざまです。

　高齢者の世帯の家族形態をみますと，1992年から2015年にかけて，自分の子どもと同居している65歳以上の高齢者の割合が57パーセントから39パーセントに減少し，夫婦のみで暮らしている高齢者は28パーセントから39パーセント，一人で暮らしている高齢者は12パーセントから18パーセントに増加したことがわかっています。家族形態が大きく変化し，高齢者だけの住まいや高齢者の一人暮らしが増加しているのです。高齢者の一人暮らしの男女差を見ると，男性が11パーセントなのに対して，女性は倍近くの20パーセントです。（厚生労働省：平成4年／平成27年国民生活基礎調査）。高齢期において初めて一人暮らしをしている女性も少なくありません。

　経済面や居住面でも，男性か女性かによって，大きな差があります。子育ては未だに女性の仕事とされていますが，この時間は公的に労働と定義されていないため，女性は男性に比べて生涯労働時間が少なく，給料も平均的に低いため，高齢期の年金，財産が男性よりもはるかに少ないです。金銭的に家族に依存することが多く，家族内の高齢女性の将来は本人ではなく家族が決めるようなケースも多いでしょう。高齢女性の選択の自由は大変限られているのです。住宅の所有権もほとんどの場合は夫がもっています。2017年時点の相続制度で

66

は夫が亡くなったときは、住宅を含めて家族間で財産を分け合うことになっていたので、妻が今まで住んでいた住宅に住み続けることができないケースが多くありました。2018年1月の相続制度の見直し案で、夫の死後も妻が住み続けられるように、住宅が遺産の対象から外せるよう審議中です（2018年5月現在）。このような変化は少しずつみられますが、まだまだ女性の選択肢は限られています。

写5-1 高齢者の賃貸物件の探しを応援するNPO

出所：筆者撮影。

　高齢者が一人暮らしを選択すると大きな壁にぶつかります。なぜなら、高齢者のみの世帯、とくに単独の世帯は社会から問題視される傾向があるからです。所有している家に住まないのであれば、賃貸の住居を探さなくてはなりませんが、家賃の不払い、孤独死、火事などのトラブルを過剰に心配され、個別の事情をみないで高齢者に部屋を貸さない家主が多いのです。高齢者に対するステレオタイプが強く働いているといえます。この状況を改善するため、NPOや不動産産業が動き出しました（写5-1）。ただし、なかにはこうした支援をするNPOや不動産業者であっても手数料を払わないといけないケースがあるのは残念なことです。

　高齢者自身も一人暮らしに自信をもてない人が多くいます。いつか、必ず支援・介護を受けざるをえないと思う傾向が見受けられるのです。そのため、自立性、主体性をある程度諦めることになっても、安全・安心を選んで、家族などに頼ることを考えている人が多くいます。一方、高齢期の研究によると、欧米では、支援・介護が必要かどうかは個人差があるので、準備はしておいても、最終的に必要になった時点で、できるだけ自立を保ちながら支援を受けたいと考えている人が多いです。とくに北欧の場合、充実した福祉制度があり、高齢者が家族に頼らずに生活することを可能にしています。日本においては、高齢女性に不利な状況のなかで、不安を感じながらも、自立して自由に生きる道を選ぶ人もいます。その一例が共生型居住です。

第2部　貧困・高齢者・病

（2）新しい住まい方を選択する女性

　2000年代に入りコレクティブハウジングやグループリビングといった共生型居住がみられるようになりました。10人以下から50人までなど，その規模には差がありますが，コレクティブハウジングやグループリビングでは個人や家族がそれぞれのスペースとプライバシーを保ちながら居住者全員のための広いキッチンやリビング，時間の一部を共有し一緒に暮らしています。元々は欧米の例を手本にしていますが，日本の暮らし方に合わせアレンジしています。コレクティブハウジングでは年齢や家族形態に関係なく居住者が一緒に暮らし，住居を運営するのに対し，グループリビングでは多くの場合，高齢者のみが居住し，さまざまな生活サポートがついています。

　このような新しい住まい方がみられるようになったのは現代の家族形態の変化のためと思われます。私は以前共生型居住で暮らすことを選んだ60代から80代までの女性にインタビュー調査を行いましたが，そこでわかったことを説明したいと思います（田中洋美／マーレン・ゴツィック／クリスティーナ・岩田ワイケナント編，2013，『ライフコース選択のゆくえ─日本とドイツの仕事・家族・住まい』新曜社）。

　まず調査前にどのような女性が共生型居住を選んでいるのか想定しました。私は人生を自分らしく生きてきた人，社会通念から自由に生きてきた人，パイオニアのような人を考えました。しかしインタビューの結果は予想を裏切るものでした。彼女らの世代の社会規範に沿った，いわゆる「フツー」の生活をしてきた人たちが多かったのです。とくに結婚し，子どもが2〜3人いて，夫と死別しているケースが多くみられました。

　彼女たちの話には高齢女性のニーズだけでなく，彼女たちの家族と自身に対する社会規範や期待が映し出されていました。息子や娘に同居を勧められた人が多いのですが，その時を振り返ると「子どもたちに負担をかけたくない」ということばがしばしば出てきます。この裏には家族，とくに子どもに対する強い思い，絆が感じられます。彼女たちの多くが辛い介護を経験しましたが，自身も高齢期には必ず介護が必要になってしまうだろうという考えがあり，子どもたちにその経験をさせたくないという思いもみえてきます。

　彼女たちにとって共生型居住を選ぶメリットは何でしょうか。それは一人暮

らしには不安を感じるけれども，共生型居住なら一人暮らしに近い自己実現を
達成でき，安心感が得られ，自主性を守れることです。女性が共生型居住を選
択したことに対して，家族がお母さんの面倒をみるのが「フツー」という批判
を受けたという話もインタビューで聞きました。このような反対を受け，入居
をあきらめるケースもよくあるそうです。彼女たちの話は，まさに現在も残る
高齢者の生き方や家族のあり方に対する社会規範の強さを示しますが，一方で，
共生型居住の存在やそこに住む彼女たちの選択はこの規範が少しずつ変容して
いることも示しています。

　今後さらに高齢化が進みますが，高齢女性たちの住まい方の選択肢が増え，
彼女たちのように自分の生き方に合わせた居住スタイルを選べる社会になるこ
とを期待したいです。

4　高齢者像のステレオタイプを無くすためには

　誰もが幼年期・児童期・青年期を経験していますので，幼年期を除いてその
気持ちをある程度理解することができるでしょう。しかし，年をとらないと高
齢とは何かというのはわからないことが多く，想像する以外できません。高齢
期を調査する研究者はみなこの問題に直面しています。現実とのズレをできる
限り無くすためにも，高齢者自身の声を丁寧に聞いていくことが何よりも重要
です。

　高齢というのは突然起こる状態ではなく，過程です。基本的に人間の性格は
年をとっても変わりません。もちろん，体の変化，社会・家族のなかの役割の
変化などはあります。それでも「高齢期」は個人差が大きく，平均的な特徴が
意外と少ないのです。

　高齢者が増えているなか，高齢者自身の意識も，そして社会からの高齢者へ
の期待やイメージもゆっくりではありますが変わりつつあります。とくに変化
してきたのは高齢者が実はアクティブだというイメージです。高齢者がアク
ティブであれば，健康で長生きができ，自立し，少ないサポートで生活できま
す。社会的には医療のコストが下がったり，消費者として経済に貢献すること
も期待されます。しかしながら，この「高齢者はアクティブである」という考

第 2 部　貧困・高齢者・病

え自体は社会にとって有利な高齢者に対する新たな決めつけでもあります。高齢者が多様であることを意識しないと高齢者が自主的に社会参加できる社会基盤をつくり上げるのは不可能です。社会の高齢化が著しい現在の日本で，私たちは高齢者の多様性を認め，ステレオタイプから脱却し，好奇心をもって高齢化社会の可能性を探っていく必要があります。

📖 読書案内

① 天野正子，2014，『〈老いがい〉の時代―日本映画に読む』岩波書店.
② 藤田綾子，2007，『超高齢社会は高齢者が支える―年齢差別（エイジズム）を超えて創造的老い（プロダクティブ・エイジング）へ』大阪大学出版会.
③ 小谷部育子／住総研コレクティブ・ハウジング研究委員会編，2012，『第3の住まい―コレクティブハウジングのすべて』エクスナレッジ.
④ パルモア，アードマン・B.，2002，鈴木研一訳『エイジズム―高齢者差別の実相と克服の展望』明石書店.
⑤ 篠原聡子ほか，2015，『多縁社会―自分で選んだ縁で生きていく。』東洋経済新報社.
⑥ 鷲田清一，2015，『老いの空白』岩波書店.
⑦ ハル・アシュビー監督，1971，『ハロルドとモード 少年は虹を渡る』（映画）

【ゴツィック，マーレン】

第6章 病による排除

　みなさんは，ハンセン病問題について，これまで学ぶ機会はありましたか？
小中高等学校の「社会」「公民」「現代社会」の教科書などで，ハンセン病国家
賠償訴訟（1998〜2001年）に関する写真を目にした人もいるかもしれません。
ハンセン病問題は，2001年の熊本地裁判決と国の控訴断念がマスコミで大々的
に報道されたことによって，広く社会問題となり，国の政策による長期にわた
る深刻な人権侵害の例として，多くの教科書に記載されるようになりました。
　私は17年余り，全国のハンセン病療養所で調査研究を続けています。入所者
たちとのかかわりを通じて，主にハンセン病をめぐる「排除と包摂」「喪失と
ケア」「ヴァルネラビリティ（傷つきやすさ）」などのテーマを，社会学の立場
から研究してきました。この章では，ハンセン病療養所で実施したゼミ合宿で，
ハンセン病問題と真剣に向き合おうとする大学生たちの姿を事例として取り上
げます。ハンセン病療養所というフィールドで自分とは異なる他者を理解しよ
うとする試みが，どうしてよりよい社会を築いていくことにつながるのでしょ
うか。学生たちの体験をひもときながら，一緒に考えましょう〈ワーク6-1〉。

> 〈ワーク6-1〉
> 　あなたはハンセン病から何を連想しますか。ハンセン病問題について，何を知っ
> ていますか。

1　ハンセン病と隔離政策

　近年，社会・経済・政治・コミュニティなど多面的な領域で，関係性の喪失
をともなうような複合的な排除現象が問題になっています。こうした排除は，
貧困やジェンダー，エスニシティ（民族性），エイジズム（高齢者差別）などさ

71

第２部　貧困・高齢者・病

まざまな要因で生じますが，病でも生じえます。とくに，ある種の病に罹患した人々が，回復が不可能で他者に社会的危害を与える存在とみなされた場合，治癒後も引き続き社会から排除され続けることもあります。日本のハンセン病問題は，病による排除の究極的な事例です。

　まず，ハンセン病問題の医学的・社会的側面について解説しましょう。ハンセン病とは抗酸菌の一種である，らい菌（*Mycobacterium leprae*）によって引き起こされる慢性感染症であり，適切な治療をせずに症状が重篤化すると，後遺症として末梢神経障害，手足の機能運動障害，四肢や顔貌の変形，視覚障害などの障害を残す疾患です。この病に冒された人は古来より社会的忌避の対象となってきました。1940年代にスルホン剤による化学療法がアメリカで導入されて可治の病となり，1980年代には薬剤耐性に対応して抗菌力を増強させた多剤併用療法が国際的に普及しました。現在では，発展途上国を中心に年間約21.6万人の新患が発生しているものの（2016年），ブラジルを除き，罹患率0.01％（人口１万人あたり１人）のWHO（世界保健機関）の制圧基準を達成しています。日本国内では，この10年間に日本国籍の新患は，年間３名以下で推移しており，未治療の患者はほぼ皆無です。

　日本では，1907〜1996年まで「らい予防法」（1953年改正施行，1996年廃止）などの隔離法によって，罹患者をハンセン病療養所に隔離する政策がとられてきました。ハンセン病と診断された人は，家族や地域社会から引き離されて療養所で生活することを余儀なくされ，そのなかでもとくに国立療養所の入所者は，断種（結婚時に1950年代半ばまで）や堕胎，所内作業（1960年代後半まで）を強制され，基本的人権を奪われてきました。この政策は，1940年代から在宅での外来治療を推進してきたWHOなどの世界的潮流から大きく乖離していました。

　1996年に「らい予防法」がようやく廃止されたことにより，1998年にハンセン病国家賠償訴訟が入所者によって提起されました。2001年に原告が熊本地裁で全面勝訴し，国と和解したことにより，被害から回復するための経済的・法的・社会的支援措置が，入所者だけでなく，療養所から社会復帰した退所者や，療養所に入所したことのない非入所者へも包括的に拡大されていきました（2001〜2005年）。

第6章　病による排除

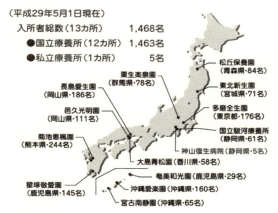

図6-1　国内のハンセン病療養所と入所者数

出所：厚生労働省パンフレット「ハンセン病の向こう側」(2017年)。

　現在も全国13か所の国立療養所と1か所の私立療養所では，入所者1,468人が暮らしています（図6-1）。その他に，退所者・非入所合わせて1,750人ほどが社会のなかで生活していると推定されています。これらの人々はハンセン病そのものは治癒していますが，かつてのハンセン病への強いスティグマ（社会的烙印）や隔離政策にともなう家族・社会関係の疎外などの大きな問題を依然として抱えています。2009年には「ハンセン病問題の解決の促進に関する法律（ハンセン病問題基本法）」が施行され，国や地方公共団体は，入所者や退所者を隔てなく地域社会に迎え入れることが求められています。2016年には，入所者・退所者の家族・遺族568人が，家族も隔離政策によって深刻な被害を受けた当事者であるとして，国に対して賠償を求めて提訴し，現在も係争中です。このことからも，ハンセン病問題は社会問題としては未だ解決の途上にあるといえるでしょう。

2　フィールドワークの実践──ゼミ合宿でハンセン病療養所を訪問して

　2015年9月に，大学2年生11人を引率して，鹿児島県鹿屋市にある国立ハンセン病療養所星塚敬愛園を訪問し，1泊2日のゼミ合宿を実施しました。星塚

写6-1 入所者・退所者・支援者との交流会

出所:国立ハンセン病療養所星塚敬愛園にて筆者撮影。

敬愛園は,敷地面積が約37万㎡の中規模のハンセン病療養所で,今も145人の入所者(回復者)が生活しており,その平均年齢はすでに85歳を超えています(2017年5月現在)。

滞在中は2・3人ずつのグループに分かれ,8人の入所者の居室を訪問してライフヒストリーをうかがいました。また,交流会や園内にあるプロテスタント教会の祈祷会にも出席し,入所者との交流に努めました。**2**では,学生たちの反応を中心に,フィールドにおける印象的な事象を紹介しましょう。

(1) 交流会にて──入所者からの質問にとまどう

初日の夕方,ハンセン病国家賠償訴訟以来,熱心にボランティアで支援活動を続けている地元NPOが主催した交流会(歓迎会)に参加し,入所者・退所者・支援者と親交を深めました(写6-1)。会場では,入所者のSさんが居室訪問で仲良くなった男子学生に,テニスプレイヤーの錦織選手に似ていると冗談を飛ばしたりして,和やかな空気が漂っていました。Sさんは幼児期に強制収容され,それ以来70年近く敬愛園で暮らしています。

交流会がはじまると,Sさんや支援者から,学生たちに,どのような「目的(問題意識)や理由」で敬愛園を訪れたのかと質問がありました。この「あなたはなぜ療養所に来ようと思ったのか」という本質的な質問は,普段は入所者が聞きたいけれども遠慮をしたり,あるいは社会との交流が増えたり,高齢化が進んだりして訊ねなくなったことを,あえて学生に問うたといえるでしょう。

学生も私も,この予想しなかった質問にとまどいました。しかし,入所者や支援者の様子から,「隔離政策について深く知りたい」「ハンセン病問題について学びたい」といった,通り一遍の回答が求められているわけではないことを,学生たちは察したようでした。場はしんと静まりました。

さて,ここでみなさんも考えてみましょう〈ワーク6-2〉。

第6章　病による排除

〈ワーク6-2〉
　あなたはハンセン病療養所で何を学びたいと思いますか。

　話を交流会に戻しましょう。私は学生に自分の言葉で答えてもらいたいと思
い，「若者が何を考えているのか，どういう関心があるのか，せっかくの機会
なので何でも知りたいんだと思うよ」と助け船を出すと，入所者の居室を訪問
して話をうかがって感じたことを，それぞれがぽつりぽつりと語り出しました。
　私は合宿前に，ハンセン病問題の基礎的な講義をしたうえで，入所者自治会
50年史の『名もなき星たちよ──今は亡き病友らに捧げる　星塚敬愛園入園者
五十年史』（星塚敬愛園入園者自治会，1985年）を読んでおくようにと課題を与え
ていました。熱心に読んできたある学生は，初めて入所者から話を聞き，人生
への前向きな考え方に直にふれたことで，「悲惨な歴史を読んできたので，つ
らいと思ったことはないと言われ，驚いた」と率直な感想を述べました。「文
献や報道だけではわかりづらい，入所者の方が実際何を考え感じていたのか，
という深いところまで聞けて良かった」「救済すべきかわいそうな人ではなく，
誇りをもって生きてきた人であるとイメージが変わった。私たち若い世代もそ
れぞれに色々な問題や悩みを抱えているが，元気をもらった」などと，社会問
題と個人の関係について考察し，自身に引きつけて語った学生もいました。最
初は，思いがけず自分たちに寄せられた期待の大きさに圧倒されていた学生た
ちでしたが，話し合いが進むうちに，考えを少しずつ話せるようになっていき
ました。学生の意見に興味深く耳を傾けていた入所者たちも，療養所の外にい
るきょうだいの話をしたり，社会復帰時の苦労話をしたりして話が弾み，意義
ある交流の場となりました。
　実は，このゼミ合宿では，学生に対して，事前に私からテーマや目的を明示
しませんでした。なぜなら，教科書で扱われている「人権問題」や「差別問題」
といった，学生には少し距離のある既存の問題枠組みや教師の問題設定に基づ
き学習したことを，実際に療養所を訪問して確認するのではなく，学生自身が
フィールドでの経験のなかから，自分で問い（テーマ）そのものを見つけるこ
とが重要だと考えていたからです。授業で学ぶまでは，ハンセン病問題にほと
んど関心のなかったごく普通の若者が，入所者との出会いのなかで何を感じ，

75

写6-2　再現された夫婦者寮

出所：筆者撮影。

いかに自分で学びを深めていくかが大切であり，私としてはその学びがかれらの人生を豊かにしていく糧になれば良いととらえていました。交流会での真剣な話し合いは，学生たちにとって，それまでの座学を離れて，ハンセン病問題とより深く向き合う契機になったようでした。

（2）園内フィールドワーク――入所者の生きてきた歴史をたどる

　2日目午前は，2014年12月に改装オープンした社会交流会館（資料館）で，ハンセン病問題のVTRを観た後，展示資料を見学しました。展示の目玉は，ちゃぶ台が置かれた戦前戦後の夫婦者寮の再現部屋です（写6-2）。前日に入所者から話を聞いた学生が「それ以前の夫婦雑居部屋時代には，夫婦4組が12畳半で生活をし，寝る時は，ちゃぶ台を隣との仕切りにしていた」と話すと，みなプライバシーのない生活に驚きを隠せない様子でした。

　その後，敬愛橋（戦時中に全入所者の勤労奉仕でつくられた橋），旧納骨堂，防空壕跡，旧火葬場，貞明皇后御歌碑など，園内を見て回りました。途中のゲートボール場では，市内の高齢者会の人たちが試合をしていました。1970年代から，各療養所の入所者たちは，不自由な体にもかかわらずゲートボールチームを組織して，周辺地域との交流やゲートボールの普及に寄与しました。しかし，高齢化のため，ほとんどの入所者はもうゲートボールは難しくなっています。以前は，園内で元気に自転車を乗り回す入所者に声を掛けると，大声で返事が返ってきたものでしたが，外を歩いている人にも出会いませんでした。

　最後の納骨堂では，学生たちはみな，厳かな表情で手を合わせていました（写6-3）。かつては入所者が亡くなると，園内で解剖されたうえで，葬儀や火葬が行われました。市内の火葬場を利用するようになったのは2002年です。裁判後は，入所者が亡くなると遺骨を先祖代々の墓に入れる遺族が大半になりましたが，現在使われている納骨堂には，敬愛園で亡くなった入所者約2,100人の遺骨の過半が納められています。療養所の納骨堂は，ハンセン病による排除の

象徴であり，納骨堂に入るということは，入所前の家族や地域と完全に縁が切れることを意味します。一方，納骨堂には，故郷の家族に代わって，療養所内で紡がれてきた濃密な関係性が反映されています。入所者は，苦労をともにした仲間や先輩が眠る納骨堂に対して，特別な思いを抱いています。

写6-3　納骨堂で手を合わせる学生たち

出所：筆者撮影。

　学生たちは園内を歩いて，入所者が敬愛園で生きてきた歴史をたどることで，色々な気づきがあったらしく，社会交流会館に戻った後，熱心に感想を書いていました。いくつか引用しましょう。「少しは知っていたつもりだったが，実際に入所者が使っていた義足などを見ると生々しく，深く考えさせられた。手が不自由な方のボタン掛けや受話器など，（補助具には）使いやすい工夫がたくさんあり，自分たちで考えて作ったことがすごいと思った」，「入所者の絵や書，陶芸品はどれも素晴らしかった。こんなに才能があるのだから，何の差別もない社会だったら，どなたも著名な芸術家になっていただろうにと，差別の残酷さを改めて感じた」，「4畳半の夫婦部屋の再現ブースを見て，こんなにこぢんまりとした空間でも『幸せ』で，それを得るために正しいとは言えない（結婚の条件として男性の断種）手術を受けなければならなかったのかと，入所者が置かれていた惨い状況を感じた」，「入所者たちが心身を犠牲にしてまでも造った敬愛橋を渡った時は，複雑な気持ちになった」，「広い敷地内に70〜80年前に造られた物がまだ残っていた。当初の納骨堂などが新しく建て替えられていき，多くの人々の思いによって，現在が築き上げられてきたことを知った」と素直な気持ちが綴られていました。

　学生たちの実感のこもった感想から，実際に自分の目で見て，肌で感じることの大切さを再認識しました。初日は，入所者や支援者から訪問の目的を問われても，ことばに詰まっていた学生たちが，一生懸命に感じ取ったことを書いている姿に，大きな変化を感じました。

第2部　貧困・高齢者・病

（3）あんだーぎーに込められた入所者の思い

　初日の午後，ちょうど学生たちが入所者Mさんの居室から楽しそうに話しながら帰っていくところに出会いました。90歳に近いMさんは，裁判の初期原告に加わって以来，「話の出前」と称して各地の学校や集会にハンセン病問題の講演に出掛け，多忙な日々を過ごしています。私の勤務する大学にも，一般教養「社会学」のゲスト講師として，数年前に片道4時間かけて来てもらいました。彼女は沖縄の八重山諸島出身で，さーたーあんだーぎー（黒砂糖の揚げ菓子）が得意料理です（写6-4）。Mさんは，火傷の後遺症で手はかなり悪いのですが，遠出する時やお客さんが来訪する日には，早ければ朝3時台に起床して，あんだーぎーをつくっています。彼女の作るあんだーぎーは，水などの混じりけがないのが自慢で，とても美味しく，「冷蔵庫に入れると悪くなるから（そのまま保存するように）」というのが口癖です。私が調査で滞在している時も，もらって，面会人宿泊所で夜食にしていました。Mさんは，みなにあんだーぎーをあげることに張り合いを感じていて，いつもつくりすぎてしまいます。

　Mさん宅で話をうかがった学生たちは，あんだーぎーをご馳走になり，さらにお土産にもらったあんだーぎーが入った鍋を，男子学生が抱えていました（写6-5）。その姿を見た時，私は今まで自分自身も深く考えてこなかったあんだーぎーについて，学生たちと話し合う必要があると感じました。

　翌朝のミーティングで，その男子学生に「あんだーぎー，おいしかったでしょ。昨日，鍋ごと運んでいたけど，何を感じた？　重くなかった？」と聞いてみました。彼は躊躇なく，「いや，軽かったです」と答えました。他の学生にも，「Mさんはなぜあんだーぎーをつくられるんだろう？」と聞いてみました。「一緒に食べたいと思ったんじゃないか」「帰って食べながら自分の話を思い出してほしいと思ったのでは？」「自慢の料理だから」という，ごく当たり前の返事が返ってきました。そこで，あんだーぎーに込められたMさんの思いについて，学生たちと話し合うことにしました〈ワーク6-3〉。

第6章　病による排除

写6-4　Mさんのつくったあんだーぎー

出所：筆者撮影。

写6-5　あんだーぎーの鍋を抱えて宿舎に戻る学生たち

出所：筆者撮影。

〈ワーク6-3〉
みなさんも，なぜMさんがあんだーぎーをつくるのか，その理由を考えてみましょう。

　前日にMさんから話をうかがった学生たちが，次のようなことを話しました。この療養所のなかで裁判に賛成していた人は，訴訟中は少数派でした。なぜなら，裁判が社会的に話題になることで，入所者の存在を隠している身内に迷惑を掛けると思ったり，裁判に負けた時に自分たちの処遇に影響が出るのではないかと恐れたり，また療養所での生活を保障されているので国に世話になっていると考える人もいたからです。長年の人間関係にがんじがらめになった狭いコミュニティで裁判に立ち上がるのは，大変勇気がいることでした。Mさんは裁判で証言したり，支援を求めて各地を講演して回ったり，頑張って活動してきましたが，熊本地裁の判決の日，もし負けたら，もうこの療養所にはいられないから帰りに自殺しようと思い，預金通帳を自宅の机の上に置いて，早朝に療養所を出て熊本まで判決を聞きに行ったそうです。それだけの覚悟をもって，Mさんは裁判を戦ったのです。

　そのようなMさんの生き様や決意をふまえて，もう一度，あんだーぎーの意味について，みなさんも考えてみましょう。

　Mさんは，国家賠償訴訟の原告になるまでは，社会と深い交流があったわけではありません。訴訟初期，裁判所の帰りに入所者と支援者が一緒にレスト

79

第2部　貧困・高齢者・病

ランに立ち寄った際，Mさんも後遺症から入所者だとわかるとどう思われる
かを恐れ，人目を避けるように，周囲の客に遠慮しながら端のほうのテーブル
で食事をしていたことを，本人に聞いたことがあります。積極的に活動してい
る今のMさんからは想像もつきませんが，このエピソードでもわかるように，
Mさんも最初は「社会の人」に対する心理的隔てが大きかったのでしょう。
しかし，訴訟をきっかけに交際範囲が広がり，出会った人たちに手作りのあん
だーぎーをあげると，みなが喜んで食べてくれるようになり，かつて入所者が
療養所内外で受けた対応とは違って，もはや自分は「汚がられたり嫌がられた
り」せず，周囲から肯定され，受け入れられていると思えるようになり，当初
は大変な喜びであったことでしょう。そのうちに，それが当たり前になってい
き，もはや相手に拒否されるかどうかなどは考えなくなり，食べてもらうこと
が純粋に嬉しくて，みなにあげるために一人では持ちきれないほどのあんだー
ぎーをつくるように変わっていったのではないでしょうか。

　社会学者のジグムント・バウマンは，「既知のものを未知のものに」し，社
会を繰り返し再解釈していくことが社会学の特徴であると述べています（ジグ
ムント・バウマン，2016，伊藤茂訳『社会学の使い方』青土社）。社会学の視点から
Mさんを重層的にとらえ，どのような思いで生きてきたのかをより深く知っ
ていくと，朝早くから楽しみにつくっている沢山のあんだーぎーは，Mさん
の生き様につながっていきます。Mさんにとって，あんだーぎーは，13歳で
引き離された郷里への思いを象徴するものであり，それをあげることで社会の
人とつながり，自らを前向きに歩ませてくれた，かけがえのないものです。あ
んだーぎーは，社会関係が開かれていくMさんの変化や喜びを背負ったアイ
テムとして理解できるでしょう。

　もちろん，こうした理解を，社会的に流布されている「被害者」や「被差別
者」といった画一的なイメージや，逆に裁判を通じて立ち上がったという「強
い主体」のイメージに，安易に結びつけないように留意する必要があるでしょ
う。

　こうした議論をするうちに，学生から，「（Mさんは）自分の生きてきた歴史
を知ってほしかったんだね」という声が挙がりました。その言葉にかれらの成
長があらわれていました。学生たちは，単なるお菓子として口にしたあんだー

第6章　病による排除

ぎーを，Mさんの生き様と結びつけることによって，あんだーぎーに対する意味づけが変わり，Mさんをより豊かに理解することができるようになったのです。

3　ハンセン病問題と向き合う——自らへの問いとして受け止める

これまで論じてきたように，学生たちは，フィールドワークを通じて，入所者の生やハンセン病問題を「対岸の火事」ではなく，自らへの問いとして受け止めようとしてきました。実際，学生たちは訪問した教会でも，入所者とお茶を飲みながら，屈託なく大学生活や友人のことなどを話し，「敬愛園で見たことや感じたことを，家族や友人たちに積極的に伝えていきたい」，「風化させないように若い世代に広めたい」，「日常の生活を考える材料にしていきたい」と語っていました。その様子から，入所者たちも，学生が自分たちの経験に関心をもっていると感じ，社会的には風化しつつあるハンセン病問題を継承してもらえるのではないかと，若い世代への希望をもったようでした。学生たちがとても歓待された理由の1つには，子どもを産むことを禁じられてきた入所者たちが，今もなお子どもに対して強い憧れを抱いていることもあるのでしょう。

（1）入所者の痛みにふれる——問題の背後にあるものに気づく

入所者の高齢化やハンセン病に対する社会の意識の変化，社会からのまなざしに対する入所者自身の受け止め方の変化によって，現在ではハンセン病の社会問題としての側面が見えづらくなっています。社会学者のミカエル・ヤコブセンらは，ライト・ミルズの「社会学的想像力」という言葉を引用し，「個人の生活や個々の物語がどう歴史的出来事や構造と密接につながっているかを示すことが，社会学的想像力の役割である」（前掲書，12頁）と述べています。**2**でふれたMさんのあんだーぎーは，行政主催の啓発運動でしばしば定型的に語られる「ハンセン病への差別を無くしましょう」という道徳的・観念的な標語としてではなく，社会の他者と新たにつながっていく個人の具体的な経験や物語が，ハンセン病問題という歴史的・社会的事象とどのように結びついてきたのかを，学生たちが自分の目・耳・心で理解していくうえで，大切な切り口

81

第2部　貧困・高齢者・病

になったといえるでしょう。

　フィールドで学生たちに強調したのは，入所者の話を漫然と聞くのではなく，フィールドワークの基本ともいえる「見えないものを見る」「聞こえない声を聴く」ことの大切さです。「表層にとらわれるな」「入所者のお話を表層的に受け止めるな」と，繰り返し伝えましたが，この点はこれからの課題であるようにも感じました。

　たとえば，「昔は大変で辛かったけど今は幸せ」という入所者の語りを，学生たちはそのまま表層的に理解してしまう傾向があります。私が常々感じていることですが，ハンセン病の経験の苦しみは，入所から半世紀を経たからといって，そう簡単に受容できるものではありません。入所者たちにとって，ハンセン病の重みをどのように受け止めるかという生涯を通じた課題は，入所者一人ひとりの人生のなかでも考えが変化していくでしょうし，短期間でも健康状態や生活場所（一般舎・不自由者棟・病棟）などによって変わってくるでしょう。また，入所者同士，職員，外部の人など聞き手が違っても語りは変わってきます。入所者から直接語られない思いを，学生たちはどこまで聴きとれたのでしょうか。

　もっとも，以前に比べると，療養所が社会化したことで，入所者が社会的な疎外感をそれほどもたないようになり，現在の環境や生活に満足するようになっているのは，大きな変化かもしれません。昔は「社会の人」と食事の場をともにするなど考えられなかった，と入所者は話します。私の経験でも，2005年頃までは入所者や退所者は，オードブルなど大皿に盛りつけられた料理を外部の人と食べる際には，交流が盛んな人でさえ，「こっちには手を付けていないから」と語るなど，遠慮がありました。2でも述べたように，他者に汚がられたり，忌避されたりするのは，人としての存在を否定される絶望的な経験であり，今も入所者の心に大きな傷跡を残しています。ハンセン病問題という歴史的・社会的な問題を理解するには，高齢化やハンセン病問題の変化によって見えづらくなっている現在の事象の背後にあるものに気づく必要があるでしょう。

　入所者と一般の高齢者との違いは，家族・地域関係の疎外など客観的な差異だけでなく，入所者が人であることを否定されてきたという特殊性にあります。

学生は実際に療養所を訪れ，入所者それぞれの経験や背負ってきた痛みにふれることによって，その実存的な苦悩に向き合うことになりました。個別の入所者との出会いやコミュニケーションを通じて，新たなものが見えるようになっただけでなく，最初に見えていた事象の意味づけ自体も変わっていったのです。このように，療養所でのフィールドワークによって，学生たちは社会学的に重要な気づきを得ることができました。

（2）現代を生きる──インクルーシブな社会を実現していくために

ゼミ合宿の後で討議を行い，敬愛園での感想を尋ねたところ，ある学生は，小学校の総合学習の時間に，地域の高齢者宅を訪問した時のことを思い出したと語りました。戦争体験者が小学校へ講話をしに来たのに似ていると述べた学生もいました。学生たちは，地域の普通の高齢者と対話をし，お世話になったという印象をもったようでした。話をうかがった入所者のなかには，外貌が変形するなど見た目の後遺症がかなり重い人もいましたが，気にはしていませんでした。

後に入所者に，「学生たちは療養所訪問で，地域の高齢者と変わらないという印象をもったようです」と話したところ，とても好意的な反応が返ってきました。学生たちがハンセン病への偏見を感じさせる言動を示さなかったことを嬉しく思ったようでした。ただ，授業を受けるまでハンセン病のことをよく知らなかった若い学生たちにとって，かつては自明視されていた偏見にリアリティがないのは自然なことかもしれません。むしろ，療養所を訪問して入所者と出会い，話をうかがったことで，それぞれの入所者が生きてきた歴史やその内面に正面から向き合おうとした体験を，学生がこれからの人生に生かしていくことが，より大切であるといえるでしょう。

現代社会では，高齢化や医療の発達によって，慢性疾患や障害とともに生きている人々が増えています。また正規職に就くことが難しく，自身の家族をもてない若者の増加や，家族や地域社会の個人化が進んでいることなども，大きな問題です。多くの人が生きづらさを感じるような流動化した社会に私たちは生きています。この社会にはさまざまな領域で排除された人々がいますが，人々が互いに支え合うインクルーシブな社会（inclusive society：包摂社会）を実現し

第2部　貧困・高齢者・病

ていくには，どうすればよいのでしょうか。

　社会学の目的の1つは，個人の経験と歴史的・社会的構造変化のあわいで多元的な現実を生きている人間にアプローチし，共感的・重層的に解釈していくとともに，社会問題を生み出す既存の秩序を相対化することによって，よりよい社会をめざしていくことにあります。ハンセン病問題についていえば，単に入所者を病によって一般社会から排除され，人権を侵害されてきた特殊な人々ととらえるのではなく，この現代社会を生きている同じ生活者の一人としてとらえることが肝要です。その意味で，入所者を地域の普通の高齢者とみなす学生たちのとらえ方に対して，入所者の実存的苦悩にもっと寄り添えるのではないかという課題を認めたうえで，肯定的に評価することもできるでしょう。さらに，学生たちがハンセン病問題と向き合い，活発に議論し合うことで，入所者の経験や思いをより深く理解できるようになったことは，小さな芽ではあっても，インクルーシブな社会への一歩につながったといえるのではないでしょうか。

📖 読書案内

① 北条民雄，［1936］2015，『いのちの初夜』青空文庫POD.

② 中山節夫監督，1970，『あつい壁』（映画）

【本多康生】

❖ コラム③ 子どもの貧困問題

　近年，教育機会が不平等な状況などから「子どもの貧困」が問題視されています。子どもの貧困とは，阿部彩『子どもの貧困─日本の不公平を考える』によると「許容できない生活水準＝貧困状態」によって子どもの権利が奪われている状態をさします。この「許容できない生活水準」を想定した場合，食事や住居などの衣食住が経済状況によってままならない子どもは，「貧困状態」にあるといえるでしょう。それだけではなく，進路実現や教育機会が経済状況によって阻害されるというような，外見ではわかりにくい「見えない貧困」の問題も深刻です。

　子どもの貧困の深刻さは，国内外の調査でも明らかになっています。OECD（2014）によると日本の18歳未満の貧困率は16.3％で，7人に1人の子どもが貧困状態にあるということがわかっています。これは，OECD主要加盟国36か国中24位と低い水準です。そのなかでもひとり親世帯の貧困率は，国民生活基礎調査（2016）によると50.3％を推移していて，子どもの貧困は保護者の経済状況と連関していることがわかっています。このような背景から，平成26年に「子どもの貧困対策の推進に関する法律」が施行されました。そのなかで，子どもの貧困に対する支援を行う団体を対象とした基金が設立されたり，高等教育機関進学のための給付型奨学金制度がはじまったりしています。また，子どもの貧困に関する調査・研究もさかんに行われています。そこで，今回は子どもの貧困を，修学保障の観点から考えてみましょう。

　たとえば，先に述べた進路実現の問題は，高校・大学進学を考える時期に顕著にあらわれます。現在高校進学は95％以上をほぼ横ばいで推移していて，4年制大学進学率は50％を超えています。短大や専門学校などを含めると，80％以上が高等教育を受けていることになり，大学進学は多くの子どもにとって主要な進路選択の1つとなっていることが明らかです。

　このように大学進学を望む子どもが増えている一方で，その子どものすべてが進路希望を実現しているというわけではありません。実際に大学進学にかかる経済的な負担は増加傾向であり，貧困状態によって進路実現を諦めざるをえない状況があります。日本学生支援機構の調査によると，平成22年度以降，大学昼間部の奨学金受給率が50％を超えていることがわかっていて，平成26年度調査では大学昼間部の33.6％が家庭からの給付のみでは修学が困難ということも明らかになっています。このことから，現代の大学生が，必ずしも経済的な余裕をもって進学しているとはいえないことがわかります。それだけではなく，奨学金を生活費に補填している学生がいることなどを考えると，奨学金制度などを活用したとしても大学進学がかなわない場合も考えられます。

　この状況の何が問題なのでしょうか。たとえば「高校・大学進学は義務教育ではないのだから，保障する必要はない」という声が挙がるかもしれません。しかしここで重要なのは，子どもたちが権利を奪われ，抑圧状態に置かれているということです。先に述

第 2 部　貧困・高齢者・病

べたように，現在多くの子どもが大学をはじめとした高等教育を受けていて，これが「フツー」になりつつあります。そのなかで，貧困によって「フツー」を享受できないということは，問題といえるでしょう。

　経済的困難が進路決定に与える影響は，大学進学時期だけではありません。たとえば文部科学省（2008）の調査によると，中学 3 年生の65.2％が学習塾に通っていることが明らかになっていますが，貧困状態にある家庭からの通塾は非常に困難です。学校教育以外の教育機会が「フツー」になるなかで，貧困状態にある子どもの選択肢は非常に限られているのです。

　このような状況のなかで，各自治体が子どもに無料または安価での学習支援を行っていますが，その対象を「貧困」か否かに区別することには注意が必要です。固定的な「貧困」イメージをもち，分断して扱うことは，子どもたちが望む「フツー」を阻害することにもつながります。この差別意識によって，子どもたちの権利がはばまれかねないということに留意しなければなりません。

　以上，「子どもの貧困」について，抑圧や差別の視点からとらえてきましたが，この問題は，学習権保障や社会保障，労働問題などのさまざまな問題から総体的にとらえる必要があります。ぜひ，そのほかの章やコラムとあわせて考えてみてください。

【渡邉晶帆】

[第 3 部]

性

　「あなたの性別は？」「あなたが好きな人の性別は？」と聞かれたら，どう答えますか。みなさんの多くは，「当たり前」のように「女」か「男」のどちらかであり，「異性」を好きである，と答えるかもしれません。

　しかし，人間は「女」か「男」のどちらかとは限らないし，「異性」を好きであるとは限りません。心と体の性が異なる人や同性パートナーをもつ人など多様な性に生きる人の存在は，「性」が「多様」であることのあらわれです。

　一方，私たちは，「女（男）は〜べきである」という考えに束縛されてもいます。最近，「男は仕事，女は家庭」という考えに賛成する人は減っていますが，「保活」「ワンオペ育児」ということばからは，女性の家事労働負担の重さがうかがえます。

　そこで，第3部では，「性」について考えていきましょう。第7章では，ジェンダーと性の多様性について考えます。第8章では，教育の場におけるジェンダーの問題について考えます。第9章では，セクシュアリティの多様性について，多様な文化，時代，メディア作品をもとにひもといていきます。

　さあ，みなさんも，「性」をめぐる桎梏と自由を探検しましょう。

【藤田由美子】

第7章 つくられる性

「あなたは，女性ですか？　男性ですか？」

このように聞かれたら，あなたはどう答えますか。

「何言ってるの，私はこの外見通り，いうまでもなく女性（または男性）ですよ！」と（心のなかで）憤慨するかもしれないし，「この人は，なぜそのような『当たり前のこと』を聞くのだろう」と困ってしまうかもしれません。

何が言いたいかというと，大多数の人にとって，「私が女性（または男性）である」ことは，当たり前だと考えられてきた，ということです。

しかし，SNS「Facebook」には，プロフィールの設定メニューに，多様な性カテゴリが提示されています。つまり，性は，たったふたつではなくなっているのです。また，近年では，性の多様性について，マスコミでも注目されるようになりました。私たちは，性とは何か，なぜ2つの性のみが存在するのか，生物学的な性と社会的・文化的に理解される性との関係はどのようなものであるのか，考える必要があります。

この章では，まず，性とは何か，その成り立ちや構造をめぐる理論をひもといていきます。そのうえで，私たちが2つの性につくられていくことについて，考えていきましょう。最後に，性の多様性について理解を深め，私たちの社会でどのような課題があるかを考えていきましょう。

---

1 ジェンダーということば

(1)「女だから・男だから○○しなさい」

さっそく，ワークをしてみましょう〈ワーク7-1〉。

第7章　つくられる性

〈ワーク7-1〉

　身近な人に言われたことがある，「女だから・男だから〇〇しなさい（してはいけません）」は何でしたか？　ノートに書き出しましょう。

　その後で，近くの席にいる人と意見交換を行い，その内容をノートに書きましょう。

　さて，どのような意見が出てきましたか。

　まず，性別によって，言われた内容に違いはありましたか。たとえば，「家の手伝い」を例にすると，女性はどのようなことをするように言われましたか。男性はどうでしたか。そもそも，手伝いをするように言われましたか。また，こういった，身近な人から「女だから（男だから）〇〇しなさい」と言われたことは，今のみなさんに何らかの影響を及ぼしていますか。

　ワークのヒントとして，私の経験を少しだけ紹介しましょう。女の子だから，「大きな口を開けて大声で笑わない」「がに股で歩かない」「青い服を着るものではない」「食事の後片付けを手伝いなさい」「（制服の着こなしは）男を挑発しないよう節度をもって」「大学よりは短期大学に進学する方が良い」などなど。

（2）自己経験を問う

　みなさんのなかには，「いや，私はそのような経験はまったくなかった」「私は女だから（男だから）差別されたという経験はない」と考える方もいるのではないでしょうか。それは，当然のことではないかと思います。なぜならば，私も含め，人間は，自分の生活のなかで「当たり前」であった考えについて疑問を感じることは，なかなかできないものなのです。

　1980年代半ばに高校時代を過ごした私は，当時周りの人々から当たり前のように言われてきた「女の子は大学よりは短期大学に進学する方が良い」という考えには反発したものです。しかし，「女の子なんだから食事の後片付けを手伝いなさい」と言われたときには，反発こそするのですが（考えてみれば，反発ばかりしていました），男の子が食事の後片付けを指示されないことについては疑問に思わなかったものです。また，学校では，「生徒会長は男の子，副会長は女の子」という暗黙の了解がありましたが，当時の私はそれほど疑問をもた

89

第3部　性

なかったと思います。なぜならば，それが「当たり前」の時代だったからです。ここで，私たちは，性別による役割分業が私たちの生活のなかにあまりに深く浸透しているために，「女だから・男だから○○しなさい」ということばは，私たち自身が疑問に感じることがないほどに「当たり前」のものとなっていることに気づく必要があります。

(3) セックスとジェンダー

(1)では，「女だから・男だから○○しなさい」と言われた経験について考えてみました。ワークを通して，生物学的な性によって，期待される役割が異なっていたり，異なる態度が求められたり，さまざまな差異があったことに気づいたのではないかと思います。「性」は，単なる生物学的に決定されているものばかりではなく，社会的・文化的につくられているものでもあるのです。このことを説明するために，これからは「ジェンダー」ということばを使うことにしましょう。

「ジェンダー（gender）」とは，一般的に，「社会的・文化的性」と説明されていて，「生物学的性」を意味する「セックス（sex）」と対となることばとされています。「社会的・文化的性」は「生物学的性」とどのように関係するのでしょうか。それは，**3**で考えることとして，先に，女の子と男の子が生まれる前から「つくられて」いることについて述べていきます。

2　女の子と男の子はつくられる

(1) 生まれる前から

生まれてくる子どもが「女の子」が良いか「男の子」が良いか，しばしば耳にするのではないでしょうか。

国立社会保障・人口問題研究所が5年に一度実施している「出生動向基本調査」で，夫婦の理想子ども数の性比がわかります。図7-1から，第9回調査（1987年実施）以降，男児より女児の方が望まれていることがわかります。男児選好から女児選好への転換は，子どもに対して，「家の跡取り」としての期待から，親との「親密な関係性」への期待へと変化したことが背景にあると推測できま

90

第7章　つくられる性

図7-1　理想子ども数性比

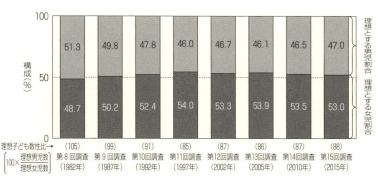

注：対象は理想子ども数が1人以上かつ男女児組合せに理想があるとした初婚どうしの夫婦。本図は回答された理想の男女児組合せにおける総男女児数の構成を示し，グラフ下の（□）内の数値は，その性比（理想女児数100に対する理想男児数）であり，女児選好が強いほど値が小さくなる。

出所：国立社会保障・人口問題研究所『2015年社会保障・人口問題基本調査（結婚と出産に関する全国調査）現代日本の結婚と出産―第15回出生動向基本調査（独身者調査ならびに夫婦調査）報告書』（2017年），71頁。

す（藤田由美子，2015，「育つ―子どもの社会化とジェンダー」伊藤公雄・牟田和恵編『ジェンダーで学ぶ社会学　全訂新版』世界思想社，19-33頁）。

　以上より，子どもに対しては，生まれる前から，いかなる存在であるべきか，その子どもの性によって異なる期待が寄せられていることがうかがえます。ここに，社会的・文化的に女性や男性に期待されている，ジェンダーの問題をみることができます。

（2）生まれた後も

　生まれてからも，子どもたちは，その外見上の性区別によって，異なる扱いを受けます。

　少し前までは，子ども服売り場に行くと，「女の子向け」「男の子向け」のデザインがありました。しかし，最近では，子ども服のデザインや色使いは男女とも共通のものが増えてきたように思われます。また，玩具店やデパートやショッピングモールの玩具売り場を訪れると，明らかな「女の子向け」「男の子向け」の札をみかけることはあまりありません。さらに，プレゼントとして

91

第 3 部　性

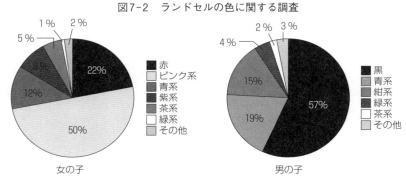

図7-2　ランドセルの色に関する調査

出所：株式会社クラレ「ランドセル事情　2011」(2011年)（http://www.kuraray.co.jp/enquete/ransel/2011/）より筆者作成。

　これらのものを購入した時には，包装紙やリボンの色の選択肢は幅広く，ピンク・赤・青に加え黄色や緑など，さまざまな色のなかから選ぶことができるようになっています。
　しかし，衣類や玩具によっては，暗黙のうちに「女の子向け・男の子向け」の区別があることがうかがえます。私は，ある日，知人の子ども（女の子）のために玩具を購入したところ，何も尋ねられずに青のリボンをつけられたことがありました。それは，おそらく，購入したものが「恐竜のフィギュア」であったからと考えられます。ここに，「恐竜のフィギュア」は「男の子向け」の玩具である，という暗黙の前提がうかがえます。
　家族や親族からのランドセルのプレゼントは，小学校入学前の大きなイベントの1つです。かつては，ランドセルの色をめぐって，女の子は赤で男の子は黒，という性別による区分が存在してきました。現在は，通学する小学生が背負うランドセルは，色とりどりです。
　図7-2は，ランドセル製造メーカーによる，購入者アンケートの結果です。女の子には赤・ピンク系，男の子には黒・青・紺系が多いことがわかります。女の子には青系や紫系の購入がみられる一方，男の子には赤やピンク系はみられません。ここから，女の子よりも男の子の方が，多様な色を選びにくい可能性があるように思われます。

第7章　つくられる性

3　私たちの性——「セックス」が先か，「ジェンダー」が先か

　それでは，私たちの「性」はどのようにして決定されるのでしょうか。そして，私たちはいかにして，自らの「性」にふさわしい価値観や行動を知り，そのようにふるまうことができるのでしょうか。

（1）「セックス」が「ジェンダー」を規定する

　まず，古典的な議論として，2つの考え方を紹介します。

　生物学的決定論は，性差の由来が生物学的・解剖学的性にあり，生物学的差異に付随して社会的役割が決定される，という考え方です。しかし，この議論は，文化と社会の多様性を考慮に入れていない点で，問題があると考えられています。生物学的差異もまた，かならずしも「女」と「男」の2種類に分けられるとは限らないことも知られているため，なぜ私たちが「女」と「男」の2つの性を前提としているか，説明することができません。

　社会化論は，人間は社会の一員となるために，性に関する社会的・文化的な規範や価値観を「学習」して「内面化」する，という考え方です。図7-3に示したように，性に関する規範や価値観や性に付随する社会的役割は，生物学的性（セックス）に基づく後天的な学習の結果です。

　この章のはじめの方で，「女（男）だから～」と言われた経験を挙げてみました。それらは，あなたが生物学的に「女性（男性）」であることによって，あなた自身がその性にふさわしい行動を身につけることを期待されていた経験です。この経験は，「社会化」ということばで説明できます。

　社会化の理論は，性にかかわる価値観や行為が生物学的に決定しているのではなく後天的に身につけられることを示したことによって，ジェンダー論の発展に大きな影響を及ぼしました。

　しかし，この考え方にも問題があります。それは，学習される社会的・文化的差異の内容が生物学的差異（セックス）によって決められている，という考え方は，私たちの生物学的な性が生涯を通じて変わらないことを当たり前のものととらえている点です。このことは，生物学的差異を強調して女性と男性の

93

第3部　性

図7-3　セックスがジェンダーを規定する①

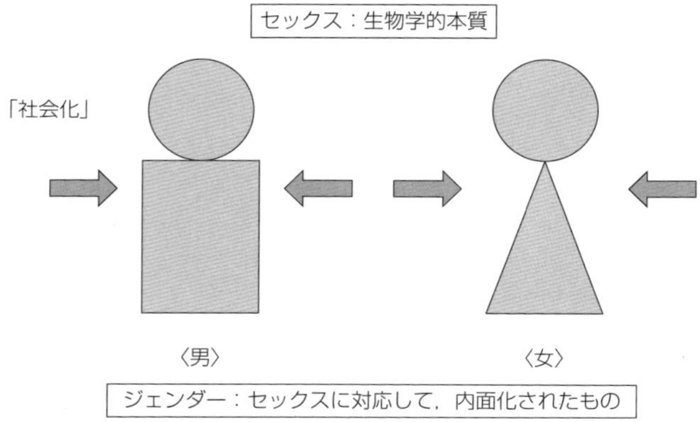

セックス：生物学的本質

「社会化」

〈男〉　　　　　　　　〈女〉

ジェンダー：セックスに対応して，内面化されたもの

出所：筆者作成。

役割分業を当然のものとしてとらえる議論に反論しているのに，その根拠として生物学的差異を前提としている，という矛盾をもっています。

（2）「ジェンダー」が「セックス」を規定する

　生物学的決定論も社会化論も，まず「生物学的性（からだの性：セックス）」の違いが先にあり，それによって「社会的・文化的性（ジェンダー）」が規定される，というとらえ方をしている点で共通していました。両者の差異は，その差異が先天的に備わっているものか後天的に学習されるか，でした。

　ポストモダン・フェミニストたちは，近代を問いなおすポスト近代主義（ポストモダニズム）の影響を受け，近代社会の性別役割分業が生物学的性に基づいてつくられている，という考えを問いなおし，社会的・文化的性のありようが生物学的な差異をつくりだしている，と考えました（図7-4）。つまり，「セックス」が「ジェンダー」を規定するのではなく，「ジェンダー」が「セックス」を規定するというのです。

　「ジェンダー」が「セックス」を規定する，つまり社会的・文化的性に基づいて生物学的性がつくられているという考えは一見奇妙に思われますが，実は，このような現象は実際に存在します。ここではその一例としてダイエット（ここでは単に「痩身」の意味）を取り上げます。

94

第7章 つくられる性

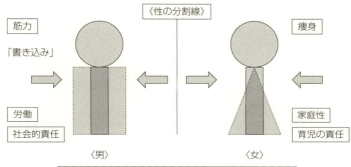

図7-4 セックスがジェンダーを規定する②

出所：筆者作成。

　女性雑誌をみると、「ダイエット」の広告が多くみられるといわれます（井上輝子・女性雑誌研究会編、1989、『女性雑誌を解読する——Comparepolitan——日・米・メキシコ比較研究』垣内出版）。ここから、女性はダイエットを志向するものであるという想定があることがうかがえます。また、ダイエットは、ダイエットの遂行者が、理想の身体（つまり「社会的・文化的に期待される」——多分に性によって異なる——身体のあり方）に自らの肉体を近づけるべく、現実に存在する「生身の肉体」に働きかける行為です。ここに、「ジェンダー」が「セックス」を規定する、という両者の関係性が存在するのです。

　男性の身体についても、「ジェンダー」が「セックス」を規定する例があります。たとえば「筋力をつける」「背を高く見せる」などでしょうか〈ワーク7-2〉。

〈ワーク7-2〉
　上記に述べたことが本当かどうか、実際に確かめてみましょう。
① まず、4〜6人のグループをつくり、女性雑誌と男性雑誌の1〜2ページについて、内容分析を行いましょう。グループのみなさんで手分けして、化粧・整形・痩身・肉体改造・食品など、身体に関係することばを集計しましょう。

95

第3部　性

　②　女性雑誌と男性雑誌を比べると，どのような類似点や相違点がありましたか？
　　別のグループの人と意見交換をしましょう。

（3）変化する「ジェンダー」

　ここまで，「ジェンダー」は「セックス」に規定されるという考えと，「ジェンダー」が「セックス」を規定する，という考えを紹介してきました。

　しかし，重要なのは，社会的・文化的な「女らしさ・男らしさ」は，必ずしも固定的・不変ではない，ということです。ここでは，いくつかの例を挙げて考えることにしましょう。

　まず，世代によって当たり前とされる「女らしさ・男らしさ」が異なることがあります。たとえば，内閣府が実施する「男女共同参画社会に関する世論調査」の2016年9月公表の最新結果によれば，「夫は外で働き，妻は家庭を守るべきである」という考えについては，70歳以上で「賛成」の割合が48.3％と比較的高い一方，60歳代以下では40％前後にとどまっています。

　最近では，芸能人やモデルとして活躍する，男らしさを誇示せずそれを超越する男性（仮にその方を生物学的男性として）がメディアに登場しています。かれらは，「女らしさ」「男らしさ」の境界線をとびこえるためのモデルを示しているように思われます。

　また，一人の人間が，一生のうちに生きる「性」を変更する場合もあります。たとえばオーストラリアの社会学者R.コンネル（Connell, R.）は，長年男性として生活してきましたが，近年は女性として生活しています。

　以上のように，「ジェンダー」は，多様であり流動的であると考えられます。私たちがいかなる「社会的・文化的性」を生きるかは，私たち自身のこれまでの生活経験や生きている時代背景や社会状況とのかかわりによって，たえず変更される可能性をもっているのです。

　「ジェンダー」について，河野らは，「社会や文化によって規定される『女らしさ・男らしさ』に限定されず，身体も含む『女』と『男』のありようが，社会・文化・歴史とのかかわりで構成されていることを包括する概念」（河野銀子・藤田由美子編，2018，『新版 教育社会とジェンダー』学文社，5頁）と定義しました。これは，多様かつ流動的なジェンダー概念を含めています。

第7章　つくられる性

4　多様な性──性は「女」と「男」だけではない

　前節までで，女の子と男の子がつくられていることをひもといてきました。この章の締めくくりとして，性は「女」と「男」の２種類だけではないこと，また，「女」と「男」がペアになるとは限らないことについて，一緒に考えていきましょう。

(1) 多様な「性」

　性は「女」と「男」の２種類だけではないことを理解するためには，まず，性には，「身体の性」，「性表現」「心の性」，「好きな相手」の４つの次元があることを知る必要があります（はたちさこ・藤井ひろみ・桂木祥子編，2016,『学校・病院で必ず役立つLGBTサポートブック』保育社，10-12頁）。

① 「身体の性」：外性器や内性器，性染色体など
② 「性表現」：服装や仕草など
③ 「心の性」：自分自身の性をどう思っているか。「性自認」
④ 「好きな相手」：好きな対象。「性的指向」。つまり性愛の対象が異性・同性・両性に向かうか，多様な性に向かうか，いずれにも向かわないか，などを指す

　まず，「身体の性」「性表現」は，**1**で説明したジェンダーとセックスに，それぞれ対応しています。「身体の性」は，女性，男性の２種類に限定されるわけではありません。わずかではありますが，双方の生殖器をもっている人もいれば，性染色体が必ずしも典型的な女性／男性ではない人もいるためです。「性表現」もまた多様です。たとえば，長い髪でスカートを着用し，自分のことを「ボク」「オレ」と呼ぶ人（必ずしも女性ではありません）がいるように，複数の「性表現」を生きている人もいます。

　また，「心の性」は，その人が自らをどの（あくまで「どちらの」ではないことに注意！）性に属していると考えているかによるので，必ずしも「身体の性」と一致するとは限らず，女性と男性のどちらかに限定されません。もちろん，どの性にも属していないという性自認の人もいます。

　「好きな相手」は，その人がだれを好きになるか，によって説明されます。

97

第3部　性

図7-5　性の4つの次元

注：いずれの次元においても，女性でも男性でもない場合，女性でも男性でもある場合もありうる。
出所：はた・藤井・桂木（2016）11頁にもとづき，筆者作成。

こちらについても，異性を好きになるとは限らず，同性を好き，複数の性を好き，どの性も好きではない，など多様な性的指向があります。

　ある人の「性」は，上の4つの次元の組み合わせでとらえられます。仮にそれぞれを「女性／男性」の二分割にしたとしても，少なくとも16種類の組み合わせが存在します。それぞれが「女性」か「男性」に限定されないことを考えると，性の可能性は多種多様であるといえます。

　そして，私たちは，典型的な「女性／男性」というわけではありません。上記の4つの次元はそれぞれ，「どちらかといえば女性寄り」「どちらかといえば男性寄り」「どちらにも属していない」というように，グラデーションがあります。みなさんは，性の4つの次元について，図7-5の数直線のどの位置にあると思いますか。心のなかで描いてみましょう。

(2) 性的マイノリティの人々が経験する困難

　私たちの社会において，性的マイノリティ（つまり多様な性を生きる人）は，一定の割合存在します。2015年4月に電通が公表した「LGBT調査2015」によれば，7.6％がLGBT（Lesbian（レズビアン：女性同性愛者），Gay（ゲイ：男性同性愛者），Bisexual（バイセクシュアル：両性愛者），Transgender（トランスジェンダー）

98

の略）とのことです。

　しかし，私たちが生きる社会は，性の多様性について必ずしも寛容ではありません。たとえば，婚姻や遺産相続などのさまざまな法制度は，「男」と「女」の２つの性による「異性愛」を前提としています。

　また，性的マイノリティの当事者は，さまざまな生活面での困難に直面します。たとえば異性装の人や性別違和の人のように，外出先に「多目的トイレ」がない場合，「女性トイレ」「男性トイレ」を利用しにくい当事者がいることを理解する必要があります。また，異性愛でない人が，異性愛に関する雑談や同性愛など非異性愛への差別的な会話を我慢して聞かされたりすることもあることに，想像力を働かせる必要があります。さらに，同性愛であることでいじめや暴力を受ける人がいることも，知っておく必要があります。

　上記の問題は，性的マイノリティの当事者が，社会のなかで「取り残された存在」「見えない存在」であることのあらわれです。

（3）性的マイノリティをとりまく環境の変化

　社会のなかで「見えない存在」であった性的マイノリティをとりまく環境は，近年大きく変化しつつあります。まず，世界では，同性婚または同性パートナーシップのひろがりがみられます。2018年１月現在，同性の婚姻を認めている国は24か国，同性パートナーシップ制度を導入している国は20か国にのぼります（NPO法人EMA日本「世界の同性婚」http://emajapan.org/promssm/world）。また，性的マイノリティであることによる差別的扱いやハラスメントの禁止など，性的マイノリティの人権を守るための取り組みが行われるようになりました。

　日本においても，「見えないマイノリティ」であった性的マイノリティへの対応が課題です。2017年５月に一般社団法人日本経済団体連合会（経団連）が公表した1,385社156団体へのアンケート結果によれば，回答233企業・団体の約４割が，社内規定への明記，研修，相談窓口の設置など，LGBTへの対応をすでに実施しています（一般社団法人日本経済団体連合会「ダイバーシティ・インクルージョン社会の実現に向けて」https://www.keidanren.or.jp/policy/2017/039_honbun.pdf）。これらの動きの背景には，持続可能な社会の実現のために，ダイバーシティの尊重とインクルージョンの推進が不可欠であるという認識があります。

第3部　性

　学校でも，徐々にではありますが，性的マイノリティへの対応が行われるようになりました。2010年4月の「児童生徒が抱える問題についての教育相談の徹底について」（通知）で，はじめて性同一性障害の子どもへの対応が明記されました。2014年1月に実施された「学校における性同一性障害に係る対応に関する状況調査」で（同年6月結果公表），当事者の同意を得て報告された全国606件のうち62.2％で対応が行われていることが明らかになりました。その後，2015年4月には「性同一性障害に係る児童生徒に対するきめ細かな対応の実施等について」が，2016年4月には「性同一性障害や性的指向・性自認に係る，児童生徒に対するきめ細かな対応等の実施について（教職員向け）」が出されました。しかし，日本の学校教育においては，今なお課題は残っています。

　まず，カリキュラム・教材の問題です。2017年告示の「小学校学習指導要領」「中学校学習指導要領」は，「異性についても理解しながら（小学校・中学校学習指導要領　第3章　特別の教科　道徳）」「男女相互の理解と協力（中学校学習指導要領　第5章　特別活動）」（強調点は筆者挿入）などの記述から，「異性のペア」という前提がうかがえます。学校で性の多様性を考えるためには，カリキュラムに潜む異性愛主義をも問いなおす必要があるでしょう（岩本健良，2018，「性的指向と性自認」河野銀子・藤田由美子編『新版　教育社会とジェンダー』学文社，38-50頁）。

　また，学校生活のなかで起こる，性的マイノリティへの「からかい」や「差別」にどのように対応するかは，重要な課題です。子どもどうしの相互作用だけでなく，教師自身の言動に性的マイノリティへの差別的まなざしが隠れていないか，問いなおしが必要です。私たち自身が，内なる差別意識を問いなおし，「他人ごと」ではなく「自分ごと」として問題に取り組む必要があります。

　金子みすゞの詩「わたしと小鳥とすずと」の一節「わたしと小鳥とすずと，／みんなちがって，みんないい。」は，言うは易し行うは難し，です。性の多様性のことを知らないがゆえに，知らず知らずのうちに性の多様性を生きている人を傷つけていること，その人が人知れず血や涙を流していること，そのことを想像する力が必要です。

第7章　つくられる性

📖 **読書案内**

① 新井祥，2016，『LGBT だけじゃ，ない！「性別」のハナシ』ぶんか社.

② 伊藤公雄・牟田和恵編，2015，『ジェンダーで学ぶ社会学 全訂新版』世界思想社.

③ 薬師実芳・笹原千奈未・古堂達也・小川奈津己，2014，『LGBT ってなんだろう？―からだの性・こころの性・好きになる性』合同出版.

【藤田由美子】

第8章　ジェンダーと教育

　第7章では，女性と男性の区別は，生物学的な差異よりは社会的・文化的に
つくられている，という考え方を紹介しました。この章では，教育という営み
もまた，さまざまな仕方で女性と男性という2つの性／生のあり方をつくりだ
していることを，ひもといていきましょう。

　この章では，まず，「教育の機会均等」は日本で実現しているのかについて
考えます。つづいて，なぜ女性と男性は異なる進路を選択するのか，「隠れた
カリキュラム」という概念を用いて考えます。さらに，「リケジョ」「○○男子」
ということばを手がかりに，学校教育がジェンダーによる分化を引き起こして
いる可能性について考えます。最後に，今後の展望を述べます。

1　学校から排除される女の子たち

　2012年10月，パキスタンで，スクールバスが銃撃され，16歳の少女が生死を
さまよう重傷を負いました。

　彼女の名は，マララ・ユスフザイです。彼女は，11歳の時から，自分の国で
女の子が教育を受けることができない現状を世界中に訴え，武装勢力に銃撃さ
れました。治療によって快復した彼女は，自らの考えを変えることはない，と
宣言しました。2年後にノーベル平和賞を受賞した後も，女子教育の普及のた
めに基金を設立するなど，活動を続けています。

　開発途上国においては，男の子よりも女の子が教育を受けられない状況があ
ります。たとえば，パキスタンでは，2011年から2016年の初等教育純就学率は
男性79％に対し女性68％，中等教育純就学率は男性58％に対し女性48％，若者
（15〜24歳）の識字率は男性80％に対し女性66％です。日本では，識字率のデー
タは公表されていませんが，就学率は初等教育（小学校）でほぼ100％です（ユ
ニセフ，2017，『世界子供白書2017（英語版）』）。マララ・ユスフザイの訴える現状は，

日本では遠い国のことのように思われます。

しかし，彼女の経験は，単なる「よその国で起こっていること」なのでしょうか。日本では，本当に全ての子どもが，その性別によらず公平な教育機会を享受しているのでしょうか。

2 「教育の機会均等」は実現したのか ──大学進学を例に考える

(1) 教育基本法における「教育の機会均等」

1947年，教育基本法が制定・施行されました。この法律の第3条第1項は，「すべて国民は，ひとしく，その能力に応ずる教育を受ける機会を与えられなければならないものであつて，人種，信条，性別，社会的身分，経済的地位又は門地によつて，教育上差別されない。」（強調点は筆者挿入）と述べています。これは，「教育の機会均等」の原則です。なお，教育基本法は2006年に全面改正されましたが，教育の機会均等の原則は第4条に，ほぼ同じ文面で明記されています。

なぜ，この条文が定められたのでしょうか。

1872年から1949年まで約70年間続いた学校教育制度のもとで，女の子と男の子は，それぞれが違う内容の教育を受けていました。たとえば，初等教育段階（尋常小学校・のちの国民学校）から，学級が分けられたなかで，男の子は兵式体操が課され，女の子には裁縫が課されていました。

しかも，義務教育を終えた後に進学できる学校は，男女で異なっていました。大学は原則として男の子だけが入学できたため，女の子には男の子と同じレベルの教育を受ける機会は保障されていなかったのです。1949年度から発足した新しい学校教育制度のために，教育基本法に，教育の機会均等（第3条）と男女共学（第5条）の原則が定められたのです（なお，第5条の条文は，「男女は，互いに敬重し，協力し合わなければならないものであつて，教育上男女の共学は，認められなければならない。」でした。現行法では，第2条（教育の目標）の3番目に，「男女平等」に言及されています）。

現在，私たちは，性別に関係なく，同じ学校で学ぶことができます。女の子も男の子も，大学や大学院に進むことができます。

第3部 性

図8-1 学校種類別進学率の推移

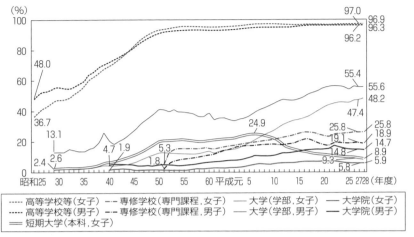

出所：内閣府『平成29年版男女共同参画白書』（2017年）91頁（http://www.gender.go.jp/about_danjo/whitepaper/h29/zentai/index.html#pdf）。

　教育内容についてはどうでしょうか。1989年改訂の学習指導要領から，中学校と高等学校では女子だけの教科であった家庭科が，男女とも必修の教科になりました（1994年度より実施）。また，2008年改訂の学習指導要領から，中学校の保健体育で全生徒がダンスと武道を学ぶことになりました（2012年度より完全実施）。かつては女の子だけが学んだダンスを男の子も学び，かつては男の子だけが学んだ武道を女の子も学ぶことができるようになりました。

(2) 進学率から考える
　これまでに述べたことから，現在の日本では，教育基本法に定められるような，性に関係なく教育の機会均等が実現しているように思われます。
　ここで，1枚のグラフをみてみましょう。
　図8-1は，学校ごとに，男女別の進学率を示したグラフです。高等学校進学率は，男女とも96％を超えており，少なくとも義務教育修了後の進学機会は均等であると考えられます。
　しかし，さらに教育を受ける場合，必ずしも教育機会は均等とはいえないよ

第8章　ジェンダーと教育

うです。大学（学部）進学率は男性55.6％に対し女性48.2％，大学院への進学率は男性14.7％に対し女性はわずか5.9％と，より上級の学校ほど女性の進学率が低いことがわかります。一方，専修学校（専門課程），いわゆる専門学校への進学率は，女性25.8％に対し男性18.9％であり，女性の進学率が高いことがわかります。

（3）4年制大学の学部別男女比から考える

そこで，4年制大学に注目して，もう少し詳しくみてみましょう〈ワーク8-1〉。

--- 〈ワーク8-1〉 ---

図8-2は，文部科学省が毎年実施している『学校基本調査』の結果より，大学（学部）学生の学部別男女比をグラフにあらわしたものです。
① このグラフをみて気づいたことを，ノートに書き出しましょう。
② 近くの席の人（2人以上）と意見交換を行い，その人の意見をノートに書きましょう。

ワークで出てきたみなさんの気づきや他の人の意見は，どうでしたか？　それでは，今ノートに書いた内容を確認しながら，続きを読んでみましょう。

2017年4月現在，大学（学部）に在籍する学生は258万2,670人，そのうち女性は115万6,021人で，全体の44.8％にのぼります。男女比はほぼ半々であることから，一見，教育機会はほぼ均等になったようにみえます。

しかし，国立大学に限ると，女性の割合は36.5％と，全体より低いのです。国立大学に進学する女性が少ないのは，なぜでしょうか。

ここで，さきほどワークで気づきを書き出してみた図8-2に，ふたたび注目しましょう。このグラフをみると，学部によって男女比の偏り方が異なることがわかります。具体的には，「人文科学」，「保健」，「家政」，「教育」，「芸術」系学部では女性が多く，「社会科学」，「理学」，「工学」，「農学」，「商船」系学部では男性が多いのです。つまり，女の子は文学・教育・家政系に，男の子は社会科学系や理工系に，それぞれ進学している，といえます。

国立大学の学部生のうち，理学系学部の学生は6.9％，工学系学部の学生数

105

第3部 性

図8-2 大学・学部別学生の男女比

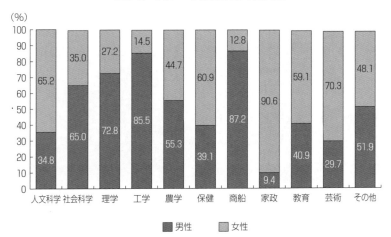

出所：文部科学省『平成29年度学校基本調査』(2017年) e-Stat 政府統計の総合窓口 (https://www.e-stat.go.jp/stat-search/files?page=1&toukei=00400001&tstat=000001011528) より筆者作成。

は28.8％を占めています。つまり，理工系学部だけで国立大学の学生数全体の3分の1強（35.7％）を占めています。先述のとおり「理学」「工学」系学部では男性が多いことから，理工系の進路を選択することが少ない女の子は，男の子よりも国立大学進学の可能性が低くなることが推測されます。国立大学学部生に女性が少ないのは，このような背景があると考えられます。

3 なぜ「異なる進路」を選ぶのか──教材と「隠れたカリキュラム」

それでは，なぜ，女性は人文科学系・教育系・家政系に，男性は理工系や社会科学系に，それぞれ進学するのでしょうか。

(1) 教員の世界にみるジェンダー・バイアス

学校で，子どもたちが身近に接する大人は，教員です。みなさんの学校生活で，女性の先生が担任だったのは何年生の時でしたか。

いったい，学校の先生の男女比はどのくらいでしょうか。ここで，ふたたび

第8章　ジェンダーと教育

図8-3　教諭の男女比

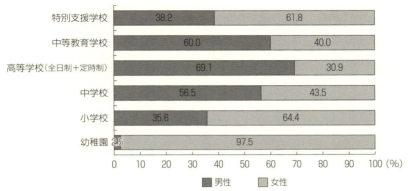

出所：文部科学省『平成29年度学校基本調査』（2017年）より筆者作成。

図8-4　校長の男女比

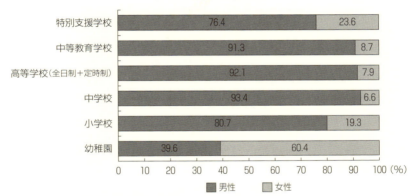

出所：文部科学省『平成29年度学校基本調査』（2017年）より筆者作成。

『学校基本調査』のデータをみてみましょう。図8-3より，上級学校の教諭に女性が少ないことがわかります。また，図8-4より，幼稚園を除く各学校では，圧倒的に男性の校長が多いことがわかります。ここから，教員の世界は男性の世界であることがうかがえます。

担当教科も，女性と男性の分布に偏りがみられます。表8-1より，中学校では，社会・数学・理科・保健体育の先生は男性が多く，国語・英語の先生は女性が

107

第3部 性

表8-1 中学校・教科担任別教員構成

区分	国語	社会	数学	理科	音楽	美術	保健体育	技術・家庭	英語	他外国語	その他
男性	8.3	14.8	18.8	14.8	1.8	3.3	12.6	7.1	9.1	0.0	42.0
女性	17.1	5.0	9.4	6.9	7.8	5.0	7.0	8.5	18.9	0.1	43.7
計	11.9	10.7	14.9	11.5	4.3	4.0	10.3	7.7	13.2	0.0	42.7

注：回答は複数回答であるため，合計値は100％にならない。
出所：文部科学省『学校教員統計調査』(2013年) より筆者作成。

多いことがわかります。図8-3で中学校では男性教員が約6割を占めていることを考えると，社会・数学・理科・保健体育では，実質的には男性の先生の人数はさらに多いのです。なお，技術・家庭の先生はほぼ同じ割合のようにみえますが，高校の家庭科担当教員がほとんど女性であることを考えると，実際には男性は技術，女性は家庭，というように役割分担がみられることが推測できます。

先に，学校の先生は子どもが身近に接する大人であると述べました。学校の先生は，子どもに，ロール・モデル（役割モデル）を示していると考えられます。理科や数学を担当する男性の先生や国語や英語を担当する女性の先生をみて，子どもたちが，理科や数学を男の子向けの教科，国語や英語を女の子向けの教科であるととらえることも予想されます。

学校現場で，多様なロール・モデルの存在は必要でしょう。たとえば女性の理科の先生の存在は，女の子に科学への興味を促すことにつながる可能性があるでしょう。また，男性の家庭科の先生の存在は，男の子に，手芸や料理に興味があっても笑われることはないのだ，という勇気を与えるかもしれません。

（2）教材におけるジェンダー・バイアス

それでは，学校教育で提供される教材については，ジェンダーの視点から考えるとどのようなことがわかるでしょうか。次のワークをしてみましょう〈ワーク8-2〉。

第8章　ジェンダーと教育

表8-2　『小学校道徳 読み物資料集』の主人公

	女性	男性	全体
主人公（実数）	10*	20*	29
（％値）	34.5	69.0	

注：女性と男性がともに主人公であると考えられ
　　る作品1件を含むため，女性と男性の合計は
　　全体の値と一致しない。
出所：筆者作成。

〈ワーク8-2〉
① 中学校や高校の歴史教科書の登場人物を，2分間に思いつくだけ挙げてみましょう。
② 思いついた登場人物について，近くの人と意見交換しましょう。

　これまで，歴史教科書も含め，教科書などの教材には女性の登場が少ないことが知られています。教材の登場人物の女性対男性比は，おおむね4：6といわれています。たとえば，文部科学省ホームページで公開されている『小学校道徳 読み物資料集』（2011年3月刊行）の登場人物のうち，女性の割合は全体の4割弱にとどまっていました（表8-2）。

　最近でも，18歳選挙権の実施に先立ち作成された有権者教育副教材『私たちが拓く日本の未来―有権者として求められる力を身に付けるために』（総務省・文部科学省，2015年9月）の挿絵で，政治家は男性だけだったことが問題になりました。その後，翌10月には，男性政治家の挿絵1枚が女性政治家へと差し替えられたとのことです（西原史暁「高校生向けの有権者教育の副教材に載っている政治家は男性だけ」2015年，http://hi.fnshr.info/2015/10/04/hiraku-mirai/〔2018年1月10日アクセス〕）。

　教材の内容にもジェンダー・バイアスは潜んでいます。1989年2月，日本弁護士連合会は，『「教科書における男女平等」についての意見書』を公表し，教科書には性別役割分業や「女の子らしさ・男の子らしさ」が描かれていることを指摘しました。最近も，教科書の内容にジェンダー・バイアスがみられることが指摘されています。たとえば中学校1年英語教科書には，女性よりも男性

109

第3部　性

の方が動的・自発的行為を行うと描かれています（鈴木卓，2005，「中学校英語教科書におけるジェンダー・バイアス―機能文法を用いた分析」『フェリス女学院大学文学部紀要』40号，19-28頁）。また，高等学校公民「政治・経済」の教科書において，「すべての人／万人」は暗黙のうちに「男性」を指していて，女性が直面する問題については具体的に書かれていない，という問題もあります（升野伸子，2008，「高等学校公民科『政治・経済』教科書の分析―隠れたカリキュラムとしてのジェンダーメッセージ」『ジェンダー研究』11号，73-89頁）。

　以上より，教科書などの教材には，女性の少なさや，「女らしさ・男らしさ」の強調などによって，「社会を動かすのは男性である」という価値が示されているといえます。そのような教材を用いて教育を受けることによる子どもたちへの影響は，少なくないと考えられます。

（3）学校のなかの「隠れたカリキュラム」

　学校で受ける授業は，公式には男女平等であるように思われますが，子どもたちは，自らの性によって違う学びが期待されていることを感じ取ることがしばしばあります。このことについて，「隠れたカリキュラム（hidden curriculum/latent curriculum）」ということばを用いて考えてみましょう。

　ここで，「隠れたカリキュラム」について確認しましょう。それは，たとえば教科書などに明文化されているカリキュラム（明示された／顕在的カリキュラム）とは区別されることばで，意図する・しないにかかわらず学習者が学び取っていく知識・行動様式・意識などの内容を指す用語です。

　学校には，ジェンダーに関する「隠れたカリキュラム」が数多くあります。もっともわかりやすい例は，名簿（出席簿）です。最近小学校では男女混合の名簿が普及していますが，中学校や高校では，現在も，男女別でかつ男の子が先の名簿が用いられることが多いといわれています。とくに「男の子が先」であることは，男の子の方が優先される，という価値を暗黙のうちに子どもたちに伝えてしまう可能性があります。

　また，中学校や高校での制服指導は，女の子と男の子に期待される着こなしの指導を通して，望ましい「女性らしさ・男性らしさ」についてのメッセージを伝えていると考えられます。たとえば，私の高校時代，女子生徒への制服指

第8章　ジェンダーと教育

導には，「女性らしさ」としての「清潔感」の強調と同時に，（たとえば，セーラー服の衿の下からスカーフの端を出すことなど！）「性的アピール」につながる着こなしは禁止されていました。

そして，学級やホームルームの係，児童会や生徒会の役員などに，性別役割分担がしばしばみられます。たとえば，児童（生徒）会長は男の子で副会長は女の子，重い荷物を運ぶよう指示されるのは男の子，理科の実験で男の子が実験活動を行い女の子は記録係となる，などといったものが考えられます。みなさんの学校生活について，次のワークで振り返ってみましょう〈ワーク8-3〉。

〈ワーク8-3〉

下記①～③についてグループで意見交換を行いましょう。
① 小学校・中学校・高校では，名簿（出席簿）の順番はどのようになっていましたか？
② 学校の制服はどうでしたか？　学校の制服指導はどのように行われていましたか？
③ これまでの学校生活で，「女の子だから・男の子だから」と言われた経験はありますか？

（4）教室のなかの会話

子どもたちは，教室で，授業などさまざまな場面で，先生やクラスメイトと相互作用（ことばによる会話や身振り手振りなど，相手への意思伝達をお互いに行うこと）をしています。この，教室内での相互作用についても，ジェンダーの問題がみられます。

教室では，男の子は女の子よりも先生との相互作用が多いことが知られています（たとえば，サドカー，M.／サドカー，D.，1996，川合あさ子訳『「女の子」は学校でつくられる』時事通信社）。木村涼子は，小学校6年の学級を観察し，教科を問わず，教師と男の子の相互作用は，教師と女の子のそれよりも，はるかに頻度が高いことを明らかにしました（木村涼子，1997，「教室におけるジェンダー形成」『教育社会学研究』61号，39-54頁）。教室のなかでは，一体，何が起こっているのでしょうか。

木村は，教室での会話を分析した結果，男の子が女の子の発言に否定的反応

第3部 性

をしていることに注目しました。男の子が女の子の発言に対する否定的反応などによって女の子の発言を抑制し，教室内での会話を支配しているのではないか，と考えました。

教室での相互作用は，子どもたちに，学校での学びについての学びをもたらします。女の子が沈黙するように方向づけられることは，彼女たちを，学校での学びから遠ざけている可能性があります。

（5）幼児期からの学び

幼稚園や保育園は，子どもが生まれてはじめて，親・親戚や近所の人以外の大人である保育者（幼稚園教諭または保育士など）や，自分と年齢が近い多数の子どもたちとの集団生活を経験する場です。そこで，子どもたちは，ジェンダーに関する考え方や価値観に出合います。ここでは，幼稚園・保育園でのエスノグラフィ（藤田由美子，2015，『子どものジェンダー構築─幼稚園・保育園のエスノグラフィ』ハーベスト社）から，みなさんが考える手がかりを示したいと思います。

幼稚園や保育園での生活では，子どもたちは，「女の子」「男の子」という区別に出合います。保育者は，多くの場合，性差別的な考えによってではなく，「子ども集団を統制するのに便利である」といった理由で，性別集団に対する呼びかけを行っています。子どもたちは，繰り返し行われる呼びかけを通して，自分がこれら2つの集団のどちらかに所属することを学びとっていきます。保育者の意図とは異なる学びが，ここで行われているといえます。

4 学校教育の結果として──「リケジョ」と「○○男子」

第7章でみてきたように，子どもは，生まれる前からすでに「女の子」であるか「男の子」であるかに関心をもたれ，生まれてまもなく，そのように育てられていきます。この章では，学校のなかでの学びの経験もまた，「女の子」であるか「男の子」であるかによって異なる可能性があることを示してきました。

現代の日本においても，女の子は，リーダーになるための学びの機会や，理科や数学など自然科学の学びの機会が，男の子に比べて乏しいことを示してき

ました。

現在，日本の教育政策は，科学技術振興が1つの柱となっています。2008年改訂の学習指導要領では，理科や数学の学習内容が増加しました。しかし，理科や数学など，自然科学の学びへのアクセシビリティ（接近可能性）が女性と男性で異なっていることについては，教育政策上の課題となっているとはいえません。

2010年代に入り，理系進路を選択した女性を指す「リケジョ」は流行語となり，ある種のブームを呼び起こしました。しかし，実際に，このブームは，女の子に自然科学の学びの可能性を拓いたのでしょうか。残念ながら，「イエス」とは断言できません。

女性科学者に対するマスメディアの報道では，自然科学を学ぶ女性は，その業績よりも，その人の「女性性」の有無が強調されているように思われます。たとえば，数年前における一人の女性科学者をめぐる報道では，彼女のアクセサリーや洋服のブランド，そして特徴的な服装が強調されていました。つまり，女性科学者は純粋に業績を評価されにくい構造がうかがえます。このような状況では，女の子にも男の子にも公平に自然科学（理系）の学びを奨励する社会の実現には，まだまだ遠いように思われます。

男性にとっても，「女性の領域」とされてきた家事・育児関連領域への参加は，まだまだ困難であるといえます。最近こそ「イクメン」ブームで男性の育児参加がマスコミの注目を集めましたが，たとえば「料理男子」「手芸男子」といったことばにあらわれているように（「イクメン」も含め），家庭領域に参入する男性はまだまだ例外的であるように思われます。

5 まとめにかえて

この章では，学校教育は，フォーマルな側面（カリキュラム）だけでなく，インフォーマルな側面（隠れたカリキュラム）でも，男の子を理系あるいはアカデミックな学びへ，女の子を文系あるいは家事・育児領域の学びへ水路づけていることを示してきました。社会のなかのジェンダー問題を解決するためには，学校教育の問いなおしが必要であることがうかがえます。

第 3 部　性

　しかし，**第7章**でもみてきたように，性をめぐる考え（たとえば社会的・文化的な性など）は，時代によって変化してきました。学校教育でも，女の子や男の子，さらに多様な性を生きる子どもの学びが少しずつ変わる可能性はあるでしょう。今後も，教育とジェンダーの問題について考えていきましょう。

📖 読書案内
① サドカー, M.／サドカー, D., 1996, 川合あさ子訳『「女の子」は学校でつくられる』時事通信社.
② 河野銀子編, 2017, 『女性校長はなぜ増えないのか―管理職養成システム改革の課題』勁草書房.

【藤田由美子】

第9章 性の多様性

1 「性」は多様であること，自分の「性」を肯定すること

　「性」は不思議だらけです。思春期を迎えると，性に関して頭の大半を占めている人だらけで，色々な性の「悩み」をもっているのに，なぜか公の場ではそれはタブーで，悩みを一人で抱え込んで，苦しんでいる人も結構います。

　自分の性に関して，サイズとか回数とか，「フツー」なのかびくびくしてますね。性に耽ると成績が落ちるんじゃないかと心配するばかりです。妊娠することもあるでしょう。結構重要な問題なのに，恥ずかしくて他人に聞けません。関心が高いのに，ほとんど情報が交換されず，科学的知識は教育の現場で教えられないし，そのくせ，みな自分が「フツー」だろうかって恐れています。

　愛する対象とする人についても，年上すぎるんじゃないか，年が離れた年下にしか魅力を感じない，同性に性的関心があるとか，そもそも性欲を感じないとか，千差万別です。でも，世の中では「フツー」がはびこっていて，それと違っていると，自分は「異常」なんじゃないかって悩みますよね。結論からいえば，人が何に性的関心，性的興味を示すのかは人それぞれであって，どれが「正しく」，どれが「間違っている」ということはないんじゃないでしょうか。性の問題は，「フツーじゃない」ことばかりなので，まずは自分を肯定することからはじめることが大事なのではないでしょうか。それは個性であって，「異常」ではありません。多数だとか，少数だとかはあまり問題ではありません。自分自身が一番大事なのです。隣にいても人には言わないけど，みんな悩んでいるのです。かく言う私とて。

　2017年にフランス大統領になったマクロン氏は，大統領就任時39歳でしたが，その妻ブリジットさんは64歳でした（図9-1）。25歳の差ですね。彼女は大統領の高校時代の恩師でした。ブリジットさんの故郷は大統領と同じで，実家は老舗の菓子店。マクロン氏が高校時代に演劇クラブの指導員を務め，ともに脚本

第3部　性

図9-1　マクロン氏と
　　　　ブリジット氏

出所：https://commons.
wikimedia.org/wiki/
File:Emmanuel_
Macron_and_
Brigitte_Macron_
at_G7_summit_
2017.jpg

や詩を書くうちに恋が芽生えました。当時，ブリジットさんには，銀行員の夫と3人の子どもがいて，2人の関係は街のスキャンダルになりました。それでも，17歳のマクロン氏は「どうしても，あなたと結婚する」と宣言して一歩も譲りませんでした。ブリジットさんも離婚して恋を貫きました。2人は年齢差を乗り越え，めでたく2007年に結婚しました。彼女には2017年現在孫が7人いるとのことです。愛を貫くって感じですね。

2　各国首脳もフツーに同性愛

　2017年時点のアイルランドの首相は，レオ・バラッカーという人で，就任当時38歳の人でしたが，父親がインド系移民で，「ゲイ」といいますから，なんと多文化共生時代にぴったりな人なのでしょう。同性愛は「私にとって大したことではないのです。重大視するべきでもありません」という彼の発言は身に沁みます。ルクセンブルグのグザヴィエ・ベッテル首相が彼の連れ添いと写っている姿を見ると，幸せそうで，羨ましくなります。

　その他にベルギーのエリオ・ディルポ前首相も「ゲイ」であることを公言していましたし，アイスランドで2009年から13年まで首相を務めたヨハンナ・シグルザルドッティル元首相も「レズビアン（女性同性愛者）」でした。変態でも，異常でもなく，「そんな人はいない」どころか，フツーにいて，フツーに連れ添いがいて，フツーに国を代表する首相を務めているのです。

　誰かを好きになることは，素晴らしいことで，憎悪したり差別するほうが問題でしょう。そうとはいえ，依然として問題は山積です。とくに深刻なのは，セクマイ（セクシュアル・マイノリティ＝性的少数者）と呼ばれる人たちが抱える問題です。古い統計にはなりますが，1989年アメリカ保健社会福祉省調査によれば，思春期の自殺者のうち約30%が同性愛者を中心にしたセクマイだとされますし，最近でも，一橋大学アウティング事件（2015年4月に一橋大学において

第9章 性の多様性

同性愛の恋愛感情を告白した相手による暴露（アウティング）をきっかけとして「ゲイ」の学生が投身自殺を図って転落死したとされる事件）に代表されるように，とくに若い層にとっては，これが命にかかわる深刻な問題であることに変わりはありません。ただ，時代は着実に変わりつつあります。私もフツーに「ゲイ」している一人として，これから「性」の問題を語っていきましょう。

3 LGBT……

LGBTということばは，わりと知られるようになりました。活躍している人も多くなりました。マツコ・デラックスさん（本名は松井貴博さん），安富歩さん，IKKOさん，KABA.ちゃんさん……と最近は数えるのが大変なくらいです。

最近は「性的指向」という概念にしても，単にLGBTに限らない裾野の広がりが出てきました。LGBTTQQIAAPと並べられることもあります。Lはレズビアン＝女性の同性愛者。Gはゲイで男性の同性愛者。Bはバイセクシュアル＝両性愛者。最初のTはトランスジェンダーで，心と体の性は一致しないけど，手術までには至らない，安富歩さんの異性装など。2番目のTはトランスセクシュアル。心と体の性が一致しなく，手術にまで至るもの。Qはクエスチョニング＝自分の性認識が不明な人。次のQはクィアで，ここでは「変態」と呼ばれている人ということにしましょう。Iはインターセックス＝半陰陽と呼ばれ，男女両方の性器を有する人。Aはアセクシュアル＝無性愛の人。性欲を感じない人ですね。次のAはアライ＝異性愛者だけれど，同性愛者の運動を積極的に支持する人たち。最後のPはパンセクシュアル＝性的対象が多方面にわたる人。いったんはこう分かれているとされますが，これ以上に分ける人もいますし，性の実態がさらに解明されると，今後まだまだ増えていくことでしょう。性は奥深いですね。

性は多様で難しいのに，前述の一橋大学の事件でも，大学側は性同一性障がいと同性愛を一緒にしてしまった対応をしてしまいました。まだまだ知識が足りないと思います。それに1つひとつは少ないのでしょうけど，すべて足すと，単に少数者という意味でセクマイといえるかどうかも微妙となります。

性的興奮を何に感じるのかは宇宙のようで，何が「フツー」とはとてもいえ

117

第3部　性

図9-2　1920年のアイナー・モーウンス・ヴィーグナー

出所：https://commons.wikimedia.org/wiki/File%3ALili_Elbe_c1920.jpg

図9-3　1926年のリリー・エルベ

出所：https://commons.wikimedia.org/wiki/File%3ALili_Elbe_1926.jpg

ない世界だらけです。性は実に多種多様です。ちょっとここで，最近のセクシュアリティ研究の現状を反映した映画を紹介しましょう。『リリーのすべて』という映画です。世界で初めて性別適合手術をしたデンマーク人をモデルにした実話です。

　舞台は1926年デンマーク。風景画家のアイナー・モーウンス・ヴィーグナー（図9-2）は，同じく画家で人物画を得意とする妻ゲルダに女性モデルの代役を依頼されますが，その際に，自身の内面にある女性の存在を感じ取ってしまいます。それ以来「リリー・エルベ」という女性として生活していく比率を増していくアイナーは，心と体の不一致に悩むことになるのです。当初はそんな夫の様子に困惑するゲルダでしたが，次第に理解を深めていくことになります（図9-3）。

　この映画では，命を賭してまで女性になろうとしたリリーの姿は感動的です。それを必死に理解しようとするゲルダの愛情も胸を打ちます。性は可変ですし，多様ですね。何が正しく，何が間違っているということはありません。「フツー」に生きるのではなく，自分らしく生きることこそが大事ではないでしょうか。

第9章 性の多様性

4 「同性愛者」の歴史をひもとく

　ここで，セクマイの1つ，男性同性愛者の歴史についてみてみましょう。それに「フツー」は，実は時代によっても大きく変わるということに注目しましょう。不思議に思うかもしれませんが，ヨーロッパでも前近代には「同性愛者」はいませんでした。そういった概念がなかったのです。性行為は生殖だけが目的とされていたので，オナニーや同性愛行為，獣姦なども一緒くたに「自然に反する」性行為として禁止され，処罰の対象とされました。そういった行為をする人たちは聖書の引用から「ソドミスト」と呼ばれました。

　日本でも同性愛は「衆道（シュドウ）」と呼ばれて，とくに武士にあっては嗜みで，武田信玄，上杉謙信，伊達政宗などその面での噂は絶えません。前田利家などは織田信長から愛されたことがよほど嬉しかったらしく，書状を残しているくらいです。そうした同性愛行為と結婚などとは矛盾するものでもありませんでした。

(1)「同性愛者」誕生

　ところが，19世紀も後半になると，大きく違ってきます。科学の発展にともなって，「同性愛者」という新しい概念が誕生することになります。それまでは，わからないからちょっと「違う」という違和感はありながらも，線引きすることはなかったのでしょうが，「概念」が誕生すると，そうである人と，そうでない人に線引きがされるようになります。そこから正常＝「フツー」が生まれて，それから外れると，病気や犯罪とみなされるようになります。ミシェル・フーコーの近代理解ですね。科学が発達すると，線引きが行われて差別が生まれるという不思議なことが起こるようになります。これが「近代」らしさですね。最近では，世界保健機関（WHO）が「ネットゲーム依存症」を病気として対策を練ることにしました。発達障がいも昔は「変わっている」くらいにしか自覚されなかったのですが，概念化されると，対処法も考えられるようになる一方で，「フツー」とは違う「発達障がい者」が誕生しました。

　同じように，19世紀後半になると，「同性愛者」が生まれ，「同性愛」事件が

119

第3部 性

頻発するようになります。これから,「同性愛者」の差別と苦難の歴史がはじ
まります。とくに有名人の間で。イギリスでは童話『幸福の王子』を書いた作
家オスカー・ワイルドが1895年裁判にかけられることになります。フランスで
も同じ時期ヴェルレーヌとランボーの関係が裁かれます(映画でいうと,デカプ
リオ主演の『太陽と月に背いて』1995年が扱っています)。ロシアでは作曲家チャイ
コフスキーが甥との関係を疑われ服毒自殺に追い込まれます。

　ドイツでは,皇帝ヴィルヘルム2世がオイレンブルク伯爵と恋仲でした。閣
僚・軍人など国のリーダーたちと集まった「リーベンベルク円卓」で,政治や
軍事の重大事項が決められていました。ただ,20世紀にはいって間もなくする
と,それはスキャンダルとなり,オイレンブルクは裁判にかけられ有罪となり
ました。皇帝であれ容赦ありませんでした。深刻な問題ですね。その後,ナチ
スからの迫害もありました。5,000人とも1万5,000人ともいわれる男性同性愛
者が命を落としました。同性愛を「自然に反する」とした刑法175条違反でした。
1945年5月ナチスの敗北によってユダヤ人たち他の迫害を受けていた人は解放
されましたが,「同性愛者」は解放されませんでした。刑法175条が依然有効だっ
たからです。

(2) 戦後の憂鬱

　第二次世界大戦の状況をここで少し追ってみましょう。時代区分でいうと「冷
戦」(1947年から89年)の時期にあたります。実は,2017年になってもこの時期
の謝罪が続いています。たとえば,カナダでも冷戦中,男性か女性かを問わず,
多数の同性愛者が政府や軍隊の職から解雇されました。政府と軍は,同性愛の
公務員はソ連のスパイに利用されやすいと考えていたためです。同性愛者は政
府や軍に,自分のプライベートな性行動について尋問され,友人や知人につい
て通報するよう強制されました。2017年トルドー首相は下院で,かつての政府
の行動を「魔女狩りそのものだ」と非難し,「この国がかつてしてきたことを
恥と思い,悲しみと深い遺憾の意を込めて,私は今日ここに立って,こう申し
上げる。私たちは間違っていた。謝ります。申し訳ない。私たち全員が申し訳
ないと思っている」と謝罪しました(BBC News JAPAN 2017.11.29)。

第9章　性の多様性

（3）アラン・チューリング

　「冷戦」真っ只中の1950年代の犠牲者として有名なのは，アラン・チューリングです（図9-4）。彼は，20世紀前半，いち早く機械が知能をもちえると提唱したコンピュータ科学の父とされる天才数学者です。第二次世界大戦中ドイツ軍の暗号解読に従事していた彼は，戦後になるとコンピュータ開発に着手します。映画『The imitation game』の世界です。ただ，戦後1952年，チューリングが同性愛者であることが偶然露見すると，裁判で彼は有罪となり，「治療」が施されることとなり，当時性欲を抑えると考えられていたエストロゲン卵胞ホルモンという女性ホルモンが投与されました。そのせいで胸がせり出したばかりではなく，鬱病に彼は苦しむことになります。

図9-4　16歳当時のアラン・チューリング

出所：https://commons.wikimedia.org/wiki/File%3AAlan_Turing_Aged_16.jpg

　1954年チューリングは青酸化合物を服毒して自殺したとされています。死因はホルモン治療のせいと考えられます。彼の死体のそばにはかじったリンゴが落ちていました。その死に方は彼が好きだった映画『白雪姫』を真似たのではないかという噂を生み出しました。42歳の生涯でした。これには後日談があります。サディー・プラントによれば，アップル・コンピュータが採用している，かじられたリンゴと同性愛解放の象徴である虹色の旗を組み合わされた有名なロゴは，チューリングに対するオマージュだそうです。

　同性愛は「治る」と思われていた時期もあったんですね。同性愛は，犯罪でも病気でもありませんから，治ることも「うつる」こともありません。アメリカのこうした保守的時代を描いた映画といえば，オスカーを獲得した『ブロークバック・マウンテン』も有名です。

（4）解放運動の本格化

　こうした1950年代や60年代前半に未だに残っていた保守的な偏見，差別，抑圧の鎖を断ち切ろうとして60年代後半からゲイ解放運動が登場します。その1

第3部 性

つにハイライトされるのは　ストーンウォール事件です。

アメリカのミュージカル映画『オズの魔法使い』（MGM, 1939年）のなかで「虹を超えて」を歌ったジュディー・ガイランドはゲイからこよなく愛された女性でした。私生活でも性的少数者に対して理解が深かったことも愛された理由でしょう。1969年6月22日に彼女が亡くなると，その追悼のために「同性愛者」たちが集まってきました。ニューヨーク市グリーンウィッチ・ヴィリッジ区のクリストファー通りにあったパブ，ストーンウォール・インでした。

この日6月27日，一説によれば男性同士がダンスをしてはいけないという法律に違反したとか，また他の説ではストーンウォール・インが許可なくアルコールを販売したという理由で，常連客が警官隊に逮捕されました。これまでにも，同性愛者に対する警察による暴力をともなうこの種の嫌がらせは頻発していたのですが，今回は事情が違っていました。ストーンウォール・インの常連客は警官隊に素直に従わずはじめて抵抗したのでした。これにストリート・クィーンと呼ばれた女装したゲイを含めた民衆が連帯して，抗議の口笛を合唱し，ブーイングを警官隊に浴びせたばかりか，さらに一部は，暴力的抵抗を試みるようになり，事態は「ストーンウォール暴動」へと発展し，数日間沈静化しませんでした。これが同性愛者に対する迫害とそれに対する抵抗として記憶される「クリストファー・ストリート・デイ」の由来です。

1968年以降の社会変化のなかで起こったストーンウォール事件は，ゲイ解放運動の触媒の役割を果たし，ゲイ解放運動はこれ以降本格化していきます。こうした転換のなかで，1973年全米精神病学会は，同性愛をもはや精神病としない決議を採択することになります。

こうしたなかで，ゲイの愛唱歌として定着した「虹を超えて」にヒントを得て，1978年ギルバート・ベイカーがゲイ・コミュニティの象徴，レインボー・フラッグを考案しました。そこに描かれた虹の七色は性の多様性を象徴するものと解釈されています。虹は次のような点で人間の性別に似ているとされています。①虹にはさまざまな色が含まれ，共存している。②虹を構成する色は連続的であり，明確な境界を引くことはできない。③しかし，「虹の七色」というように人間は便宜的に境界線を引いて区別している。④時代・地域によっては「虹は五色」であり，境界線の引き方はその文化次第。⑤境界線を重視し

122

ぎると科学的には正しくないことがある。こうした観点は、ゲイや「性」だけに限らず、多様な人たちとの共生を考えていくときに重要な視点です。

(5) ハーヴェイ・ミルクという英雄

1968年以降の解放運動の高揚は、一人の英雄を登場させました。ハーヴェイ・ミルクです（図9-5）。ハーヴェイ・バーナード・ミルクは、アメリカ合衆国の政治家、ゲイの権利活動家で、放浪の後に1977年、47歳の時にカリフォルニア州サンフランシスコ市の市会議員に当選し、同国で初めて自らゲイであることを明らかにして立候補し、選挙された公職者となりました。同じ年にサ

図9-5 1978年市議時代の
　　　ハーヴェイ・ミルク

出所：https://commons.
wikimedia.org/wiki/File%
3AHarvey_Milk_in_1978_
at_Mayor_Moscone's_
Desk_crop.jpg

ンフランシスコ市のサンフランシスコ市行政執務委員にも選出されることになり、アメリカでも最初の行政権を行使するゲイが誕生しました。宗教右派の抵抗が増すなか、ミルクは、ゲイ解放のシンボルとなっていきます。ゲイをめぐる環境の改善が進められました。1978年後半になると、ミルクはそれまでの成果を集大成したゲイ権利条例の制定に取り組むようになります。

執務委員のなかでもこれに反対したのがダン・ホワイト一人でした。1978年11月27日、市長のモスコーンとミルクは、ホワイトとの協議、説得にあたりましたが、その最中、ホワイトは激昂し、ミルクとモスコーン市長を射殺しました。この日数千人の市民が追悼の松明行列に参加しました。実行犯であるホワイトに対する裁判所の判決は、「過失致死」による数年の刑期という寛大なものでした。市民の怒りは爆発し「ホワイト・ナイト暴動」という事態に発展します。ゲイ解放の道は平坦ではありませんでした。映画というと『ミルク』という映画が彼の半生を描いています。1999年には「タイム誌が選ぶ20世紀の100人の英雄」にミルクも選出されました。

厳しい差別も問題でしたが、80年代になると、エイズという病気がゲイを中心に広がりました。これを描いたのが、トム・ハンクス主演の『フィラデルフィ

第3部　性

ア』という映画です。そうした色々な障害を乗り越えながら，時代は明らかに「寛容」の方向に動いています。

（6）21世紀＝同性婚時代

　21世紀になってからは，同性婚が認められる方向にあります。20世紀には色々なパートナーシップを認めていこうという方向にはありましたが，21世紀初年の2001年4月に世界初の同性結婚（異性同士の結婚とまったく同じ婚姻制度）がオランダで認められて以降，ヨーロッパを中心として容認の流れが広がりだしました。2006年7月29日，LGBTの権利の擁護と国際人権法確立を目的とした「モントリオール宣言」が採択され，性的指向による差別禁止や社会参加の観点から，同性結婚や登録パートナーシップ制度の必要性が盛り込まれました。さらに同年11月6日から9日にかけて，インドネシアで国際法律家委員会や前国際連合人権委員会のメンバーが中心となって議決された「ジョグジャカルタ原則」の第3条と第24原則においても，同性結婚の必要性が示唆されました。欧州評議会もこれらの宣言や原則を重視していることからも，先進国，とくにヨーロッパ，南北アメリカ大陸，オセアニア地域を中心に認められていく方向にあります。「同性愛者」？　フツーの人たちです。最近の歴史は，かれらがフツーになってきている歴史です。

5　課　題

　さあ，どうでしたか？　面白い話だったでしょう？　「可哀想な人たち」「差別されている人たち」「違う人」のサクセス・ストーリーにみえますね。映画の観客になった気分ですかね。これまでが一区切りですが，もうちょっと先に行きましょう。じゃあ，質問をしましょう。あなたは？　関係ない？　私は「そんな特殊な人」じゃない，「フツー」です，と思っていませんか？　どこかに「自分がそうでなくてよかった」と思っているかもしれませんね。では，その線を消す作業に取り掛かりましょう。そもそも，人間の間にそんなにクリアに線引きができるのでしょうか？　結論からいえば，自分も色んな傾向を抱え込んでいるという意識は大事です。つまりグラデーションだということです。異性愛

者といわれる人でも同性と全く付き合わない人はいないでしょう。握手する，抱き合う，一緒にお風呂に入る，一緒に寝る，仲が良かったらすることです。親子でもやることです。

（1）好きという感情の難しさ

「宝塚」に憧れる，野球選手やサッカー選手に憧れる，ということは「フツー」のことでしょう？　BLコーナーに行ってみる，「フツー」ですよね。「男が男に惚れる」ということも「フツー」に言います。

同性に憧れをもったことはありませんか？　同性を「好き」になったことはありませんか？　この人と，ずっと一緒にいたい，とか……。どのくらい好きか，友だちと恋人のあいだのグラデーションを考えてみましょう。

見る，会う・話す・一緒にいる・一緒に行動する・セックス・一緒に生活する……「好き」にも色々なグラデーションがありますね。天気でいえば，快晴，晴れ，晴れ時々曇り，曇り時々晴れ，曇りと色々とあるのと同じですね。「友人」と「恋人」のあいだに，異性でも同性でも境を引くことは難しいのではないでしょうか？

（2）セックス，愛，結婚……

それでもセックスは別でしょう，という声が聞こえそうです。そうですね。では，人間はなんでセックスをするのでしょう。愛情の表現？（好きという感情？）だったら，同性ともできるってことですね。生殖のため？　たしかに。でも，セックスレスだったらどうなるのでしょうか？　これに結婚という制度を絡めると，セックスレスの夫婦はもう夫婦と呼べないのでしょうか？　好きという感情，性的衝動，生殖機能，結婚という制度などが複雑に絡んでいますよね。

さらに突っ込むと，そもそも「愛」って何でしょう？　大切に思うこと？だったら，自分の両親とかも大事ですよね。だんだん難しくなってきました。親友だけど恋人じゃない，って今は言っているけど，もしかしたら，20年後は変わっているかもしれませんね。グレーだし，可変だし，クリアな線を引くことは難しそうです。むしろグラデーションといったほうがわかりやすいですね。

これから考えてみましょう。ちょっと経験とか時間がかかるでしょうから，

第3部　性

これからの宿題です。こう考えてくると，同性愛の問題も他人ごとではなく，つながっていますね。そういった意味で，同性愛の問題も，他人ごとではなく，自分のことと認識できたらOKです。さらに，単に性の問題だけにとどまらず，「障がい」，民族，人種などもグラデーションじゃないでしょうか？　まさに虹色の世界です。量的にしか違わないのに，なぜ差別するんだろうと差別の理不尽さがわかってきます。今後21世紀を生きるみなさんがどこまでこうした知識を考えて深化させてくれるか，期待が膨らみます。

📖 読書案内

① 風間孝・河口和也，2010，『同性愛と異性愛』岩波書店.
② 河口和也，2003，『クイア・スタディーズ』岩波書店.
③ セジウィック，イブ・コソフスキー，1999，外岡尚美訳『クローゼットの認識論―セクシュアリティの20世紀』青土社.
④ 森山至貴，2017，『LGBTを読みとく―クィア・スタディーズ入門』筑摩書房.
⑤ 星乃治彦，2006，『男たちの帝国―ヴィルヘルム2世からナチスへ』岩波書店.

【星乃治彦】

❖ コラム④ 女性と貧困

　第4章では貧困イメージがもたらす差別・抑圧について，そして第3部では性をとりまく問題についてみていきました。本書ではこのように章を分けて論じてきましたが，実は「貧困」と「性」の問題はとても密接につながっていて，両者の問題が結びつくことでより強固な差別・抑圧が生み出されているのです。それが，「女性の貧困」の問題です。**第4章**では日本全体に貧困が広がっていることをみましたが，なかでも女性はとりわけ深刻な状況にあるのです。

　まずはデータをみてほしいと思います。非正規労働者の割合でみると，女性は55.5％の人々が非正規労働者として生活しています（総務省統計局『労働力調査』2017年）。また国立社会保障・人口問題研究所は，2007年の『国民生活基礎調査』の分析から，20歳から64歳までの単身女性の32％が貧困であること，65歳以上では52％が貧困であることを明らかにしています。さらには，**第1章3（3）**「家族形成をめぐる差別・抑圧」でも確認しましたが，シングルマザー世帯では少なくとも半数以上が貧困状態にあるとされています。

　このように女性は厳しい状況に置かれていることが数字から確認できますが，実は女性の貧困問題は，近年まで「問題」として認識されてこなかった背景があるのです。そしてそれゆえに，女性の貧困問題は深刻さを増してきているのです。

　女性の貧困が「問題」として認識されてこなかったのは，女性に向けられてきた「標準」とされてきた生き方の意識が，日本社会で広く共有され続けてきたことと関係しています。日本社会ではこれまで，女性は結婚して専業主婦になるか，働くとしてもパートで家計の補助としてであって家事をすることが主である，ということが女性の「標準的」な生き方であるとされてきました。みなさんも，「男は外，女は家」ということばは聞いたことがあると思いますし，現に「それは当然だ」と思っている人もいるかもしれません。

　しかしそれゆえに，近年になって非正規労働者や失業者が急増し貧困に陥る人が増えた状況になっても，そうしたことは「男性の問題」とされてきました。それは女性の労働は非正規労働が「フツー」であり，そこで得た賃金は経済的自立が目的ではなく，あくまで家計の補助として考えられていたからです。そのため，女性は結婚すればいいから問題ないし，女性と貧困は関係ないものとしてみなされてきました。

　しかし，現実は全くの逆です。近年未婚率の増加が叫ばれていますが，労働環境の不安定化によって，従来結婚して女性を養うべきとされてきた男性の収入が減り，結婚しない（できない）人が増え，また結婚しても働かなければならない女性が急増しています。ですが，女性が働くことを通して経済的に自立するという生き方がこれまで「標準」とされてこなかったことで，女性が経済的に自立できるような賃金設定や働き方のシステムはつくられてきていませんでした。そして近年になって労働環境の不安定化が急速に

第3部　性

広がるなかで，女性はより不安定な環境で働き生活することを強いられているのです。

　またそもそも，家庭に入るという生き方が「標準」とされていた時期にも，結婚をしないという選択をする女性や，シングルマザーとして生活していた女性は当然存在していました。しかし，あまりにも「標準的」な生き方の枠組みが強固に存在していたことにより，そうした女性たちの存在は排除されてきたのです。

　こうした状況が示していることは，人々が当たり前のように抱いている感覚や認識が，時としてある層の人々の生や人権を脅かしてしまうことの危険性です。「女は家で家事をするのが当たり前」「女は男性と結婚して養ってもらえればいいからラクだ」「女は貧困問題や労働問題と関係ない」「女で貧困な人はいない」等々。私たちの身のまわりに広がる「当たり前」を今一度問いなおし，「貧困」や「性」におけるとらえ方をはじめとして，見方を転換させていくことが求められています。

【白谷美紗樹】

［第 4 部］

多文化共生

　みなさんは第 1 部から第 3 部まで，私たちの身のまわりにある差別・抑圧の問題を，自分の身近なところから考えてきました。第 4 部では，「外国人」をとりまく差別・抑圧の問題を考えていきます。「外国人」といわれると，自分には関係ないと思う人がいるかもしれません。しかし，少し考えてみましょう。実際には，私たちの暮らす日本社会にはさまざまな「外国人」が学び，育ち，働き，生活しています。労働の世界によっては，「外国人」によって大きく支えられていたりもします。その一方で，最近大きく注目されるようになったヘイト・スピーチのように，かれらに対する差別・抑圧の問題も尽きません。

　まず，**第10章**と**第11章**では，「外国人」の権利がどのように保障されているのか，ヘイト・スピーチの問題をどのように考えていくべきか，法的な観点から理解を深めていきます。次に，**第12章**と**第13章**では，教育の観点から外国につながる子どもたちと異文化を理解することについて理解を深めていきます。

　法的な観点と教育的な観点から，「異なり」に対し，私たちが当てはめている「フツー」について考えていきましょう。そうすることで，私たちが意識的であれ，無意識的であれ「外国人」に向ける差別的なまなざしが生まれる要因を理解し，それを乗り越える手がかりをつかんでいきたいと思います。

【伊藤亜希子】

第10章 外国人の排除

　この章では，外国人（日本国籍をもたない人）の権利について，法学的な観点から考えていきます。日本では，外国人の人権についてのさまざまなルール（法）があり，外国人と日本人とでしばしば違う扱いをしています。このような違う扱いはどこまで認められるのかを考えるのが，この章の目的となります。

　私たちの社会が成り立つには，ルールが必要になります。私たちは，選挙で代表者（国会議員）を選んで，その代表者が国会で法律というルールをつくっています。しかし，どのようなルールでもつくることができるわけではありません。法律の上位に憲法があり，憲法の内容に反するような法律をつくることはできません。憲法は，国民のさまざまな権利について定めており，憲法が保障するそれらの権利を，国や地方公共団体などの公権力が不当に侵害することを禁止しています。つまり，憲法は，公権力に対して，権利を不当に侵害する法律や条例などをつくってはいけない，と命令しています。そのため，憲法が，誰の，どのような権利を保障しているのかを考えることは，非常に重要になります。そこで，この章では，外国人の権利について，憲法がどのように考えているのかをみていきたいと思います。

1　法学的な観点から学ぶ意味

　ルールは，どんなに細かく決めても，新たな問題が起こることを完全に防ぐことはできません。また，あまりに細かく決めると何が何だかわからなくなってしまいかねません。そこで，ある程度広い意味のことばを使うことになります。そうすると，今度は，そのルールが当てはまる範囲がどこまでなのかが問題になります。たとえば，憲法14条は，公権力は，性別に基づいて国民を差別してはならないというルールを定めています。それでは，国立の女子校をつくることは，男性に対する差別となるのでしょうか。ここでは，「差別」とは何

第10章　外国人の排除

を意味するのかが問題となっています。そこで，ルール（法）の意味・内容を確定させる必要があります（この作業を，法の「解釈」と呼んでいます）。しかし，解釈というのは，唯一の正解がなく，色々な考え方が可能です。そのため，何が最も望ましい，あるいは妥当な法の解釈なのかが争われます。

　法を解釈することを任務としているのが，裁判所です。裁判所では，法律問題が起こった際に，必要な範囲で法律を解釈して，それを適用して事件を解決します。ある法律や条例などが憲法に違反しているかどうかについても，裁判所が判断することになっています。とりわけ最高裁判所の判断は最終判断となり，また，後の類似の事件を扱う際の参考にされます。このような裁判所の判断を「判例」と呼んでいます。また，法律学者もさまざまな問題について研究して見解を発表したり，ときには裁判所の解釈を批判したりしています。この学者の見解を「学説」と呼んでいます。学説を参考にしてその後の判例が発展したり，学説の批判を受けて判例が修正されたりするなど，学説には，判例の土台をつくったり，それを再構成したりするなどの役割があります。そこで，この章では，外国人の権利をめぐるさまざまな問題点についての判例，学説をみていきます。

2　何が問題となっているのか

　これまでも，外国人に参政権を認めるかどうかがしばしば議論され，また，外国人に対する生活保護などの問題がニュースで取り上げられたりもしています。近年はとくに，外国人の排斥を訴える集団行進など，いわゆるヘイト・スピーチも大きな問題となっています。それでは，具体的にどのような問題があるでしょうか。まずは下の①〜⑦について，○か×か，考えてみてください。

① 　日本に居住する18歳以上の外国人は，衆議院議院総選挙の際に，投票することができる
② 　外国人は，生活保護を受給する権利がある
③ 　外国人は，デモ等の街宣活動に参加しても，犯罪行為などをしない限りは不利益を受けることはない
④ 　外国人は，入国の自由を有する

131

第4部　多文化共生

⑤　福岡市に居住する外国人は，福岡市役所選挙の際に投票することができる
⑥　外国人は，公権力の行使等にかかわる公務員になることができる
⑦　外国人は，外国へ一時旅行する自由（再入国の自由）を保障されている

　これらはすべて×です。しかし，日本人であれば，原則的にすべて○となります。なぜそのようになっているでしょうか。参政権や，生存権は，日本人なら当然に憲法で保障されています。国民の参政権や生存権を不当に制限するような法律などは，憲法に反するとして無効になります。日本人であれば，一部の例外を除き，18歳になれば誰でも選挙で投票できます。この選挙権を不当に制限するような法律（たとえば，「大学を卒業した人でなければ投票できない」という法律）は，無効になります。しかし，日本に居住する外国人は，たとえ日本で生まれ育ったとしても，選挙権はありません。そのため，日本に居住する外国人にも選挙権を認めるべきではないかが議論されています。

　しかし，そもそもなぜ，これらの権利が現在では外国人には認められていないのでしょうか。憲法は，基本的人権の擁護を謳っていますが，外国人の権利は保障していないのでしょうか。先にも述べたとおり，法律や条例は憲法の内容に反することはできません。逆に，憲法に反しない限りであれば，どのような内容の法律をつくることもできます。そのため，外国人の人権を考えるうえで，憲法が外国人の人権を保障しているのか，また，保障しているとしても，日本人と同程度に保障しているのかを考えることは不可欠といえます。

3　憲法は外国人の権利を守っているのか

　個別の問題点を検討する前に，まずはそもそも外国人も憲法が保障する人権を享有することができるのかどうかをみていきます。

（1）どのような考え方があるのか

　人権は，人種，性，身分などの区別に関係なく，人間である以上当然に享有できる普遍的な権利であるとされます。つまり，本来であれば，すべての「人」は，権利の主体となることができるはずです。しかし，さまざまな権利について定めた憲法は，第3章に「国民の権利及び義務」というタイトルをつけてい

第10章　外国人の排除

ます。また，憲法11条は，「国民は，すべての基本的人権の享有を妨げられない。この憲法が国民に保障する基本的人権は，侵すことのできない永久の権利として，現在及び将来の国民に与へられる」と規定しています。ここを文字通り読むと，憲法は「国民」の権利を保障したもので，「国民」以外の人々の権利は保障したものではないことになります。そこで，憲法が外国人の権利についてどのように考えているのかについて，さまざまな解釈がなされてきました。

　憲法が保障する権利が外国人に保障されるかどうかについて，①上記の規定の文言を重視して否定する考え方と，②肯定する考え方がありますが，現在では，①の考え方を支持する学説はほとんどありません。②は，憲法が前国家的な人間の権利（「国家」というものが成立する以前から人がもっていると考えられている権利のことをいいます。たとえば，表現の自由は，国家がなくても人が当然にもっている権利であると考えられています）を保障するという思想に基づいていることおよび憲法の国際協調主義を根拠にして，外国人にも一定の範囲で人権の保障を認める考え方です。②のなかでも大きく分けると2つの考え方があります。1つ目が，憲法第3章の各規定が「何人も」と「国民は」という表現を区別していることに着目して，「何人も」と書かれた権利は外国人にも保障され，「国民は」と書かれた権利は外国人には保障されないとする考え方です。たとえば職業選択の自由等について定めた22条1項は「何人も，公共の福祉に反しない限り，居住，移転及び職業選択の自由を有する。」と規定していますが，生存権について定めた25条1項は「すべて国民は，健康で文化的な最低限度の生活を営む権利を有する。」としています。この考え方にたつと，「何人も」とある職業選択の自由は外国人にも保障され，「国民は」とある生存権は外国人には保障されないことになります。これに対しては，憲法は，「何人も」と「国民は」を厳密に使い分けていないのではないかという批判があります。たとえば，国籍離脱の自由を保障する憲法22条2項は，「何人も」と規定していますが，国籍離脱の自由はそもそも日本国民を対象とした権利なので，外国人に保障されていると考えるのは不自然です。2つ目が，権利の性質によって外国人にも保障される権利とされない権利とを区別する考え方です（権利性質説）。たとえば，思想・良心の自由（憲法19条）は，人が人であることによって当然に享受すべき人権であるから，外国人であっても保障される権利であると考えられます。

133

第 4 部　多文化共生

しかし，選挙権は，国民が自分の所属する国の政治に参加する権利であるため，国民のみに認められる権利であると考えられています。現在では，多くの学説はこの権利性質説を支持しています。

（2）裁判所の考え方

それでは，最高裁判所はこの問題についてどのように考えているのでしょうか。外国人に憲法上の権利が保障されるかどうかが争われた事件に，「マクリーン事件（最大判昭和53年10月4日）」があります。この事件は，アメリカ国籍をもつ原告（マクリーン氏）が，日本での在留期間の更新を申請したところ，法務大臣が，原告が無断で転職したこと，また，デモ活動などの政治活動に参加したことを理由に，更新を許可しなかったため，原告が処分の取消しなどを求めた事件です。この法務大臣の処分が，原告の政治活動の自由を侵害したか否かが問題となります。

この事件において，最高裁は，「憲法第三章の諸規定による基本的人権の保障は，権利の性質上日本国民のみをその対象としていると解されるものを除き，わが国に在留する外国人に対しても等しく及ぶものと解すべき」であると述べており，最高裁も権利性質説の考え方を支持しているとされます。ただし最高裁は，外国人にも一定程度権利は保障されるとしつつも，あくまで外国人の在留制度の枠内で与えられているに過ぎないとし，その権利を行使したことを理由に在留期間の更新を認めないことも可能であるとして，結局原告の主張を認めませんでした。この判断については，それでは外国人の権利を認めたことにはならないのではないか，との批判があります。

（3）実態に即した権利保障が必要

このように，判例や多くの学説は，憲法上の権利については，権利の性質上可能なものについてはできる限り外国人に保障すべきであるとされています。しかし，どの権利が，その性質上，日本国民のみを対象としているかについては，簡単に割り切ることはできません。また，一口に外国人＝日本国籍を有しない人といっても，日本とのかかわり方はさまざまです。権利を保障する必要性もその程度によって異なるとされます。そのため，実態に即した権利保障を

第10章　外国人の排除

考えるべきであると主張されます。そこで，外国人を，定住外国人，難民，一般外国人に分けて，その区分に応じて権利保障の範囲・程度を決めるべきであるという考え方が有力に主張されています。ここでいう定住外国人とは，日本に生活の本拠があって，その生活実態からみて日本と深く結びついている外国人のことをいいます。とくに，特別永住者（サンフランシスコ平和条約の発効により一方的に日本国籍を剥奪された旧植民地出身者およびその子）は，実質的には日本国籍を有する者と変わらないことから，少なくとも国民に準ずる地位を認めるべきであると主張されています。

　このように，外国人の権利保障を考えるには，さまざまな要素を考慮する必要があります。まず外国人の実態，権利の性質などを知り，そのうえできめ細かな議論をする必要があります。具体的な問題は，**4**で検討していきます〈ワーク10-1〉。

--- 〈ワーク10-1〉 ---
　権利の性質に着目して，具体的にどのような権利が外国人に認められている／いないでしょうか。

4　具体的な問題

　外国人に憲法上の権利が保障されるかどうかは，**3**でみたとおり，権利の性質によって，判断されます。この考え方は，憲法によって保障された権利の性質を検討して，できるだけ外国人にも人権保障を及ぼそうとするものです。通説は，その性質上，外国人に保障されない権利として，参政権，社会権，入国の自由を挙げてきました。

(1) 参政権

　外国人の人権について，もっとも大きな議論を呼んできたのが参政権です。憲法15条1項は，「公務員を選定し，及びこれを罷免することは，国民固有の権利である。」と定めています。公職選挙法は，選挙権と被選挙権は日本国民のみに認められるとしています（9条，10条）。従来は，参政権は主権の行使の

135

第4部　多文化共生

意味をもつため，国民主権のもとでは，当該国家の国民にのみ認められ，外国人に認めるのは憲法違反であると考えられてきました。これに対して，「国民主権」の「国民」は，国籍保持者には限られず，生活の実態からみて日本国民と変わらないような定住外国人には参政権を認めても，国民主権原理には反しないのではないかという意見もあります。最高裁は，選挙権を日本国民のみに認める公職選挙法9条は違憲ではないと判断しています（最判平成5年2月26日）。

　参政権については，国政レベルの参政権だけではなく，地方公共団体レベルの参政権（都道府県知事や市長，都道府県議会議員の選挙など）も問題となります。地方公共団体レベルの参政権については，外国人に保障することは禁止されているとする考え方（禁止説），外国人に保障することは憲法上要請されており，外国人に選挙権を認めないのは憲法違反となるとする考え方（要請説），外国人に保障するか否かは立法政策に委ねられているとする考え方（許容説）などがあります。地方公共団体レベルの参政権も，国政レベルの参政権と同様に，国民主権原理に基づいているとして，禁止説を支持する意見もあります。しかし，外交・国防などを扱う国政とは異なり，住民の日常生活に密接に関連する事務を扱う地方公共団体とでは，国民主権とのかかわりの程度にも差があることから，地方公共団体レベルの参政権については，国民主権原理に反するとまではいえないのではないかという意見もあります。最高裁は，憲法は，外国人に対して，地方公共団体レベルの参政権を保障しているとはいえないとしつつも，傍論ではありますが，「外国人のうちでも永住者等であってその居住する区域の地方公共団体と特段に緊密な関係を持つに至ったと認められるものについて，その意思を日常生活に密接な関連を有する地方公共団体の公共的事務の処理に反映させるべく，法律をもって，地方公共団体の長，その議会の議員等に対する選挙権を付与する措置を講ずることは，憲法上禁止されているものではな」く，そのような外国人に選挙権を付与するか否かは立法政策の問題であるとしています（最判平成7年2月28日）。

　参政権については，いわゆる公務就任権も広い意味での参政権として問題となります。公務就任権については，従来は，選挙権と同様に外国人には認められないと考えられており，政府の公定解釈も，「公務員に関する当然の法理と

第10章　外国人の排除

して，公権力の行使または国家意思の形成への参画に携わる公務員となるためには，日本国籍を必要とする」としていました（昭和28年3月25日法制局一発第29号）。この見解を根拠に，人事院は採用試験の受験資格を定める規則において，「国籍条項」を定めていました（人事院規則8-18第9条3号）。また，多くの地方公共団体もまた，募集要項に「国籍」を規定していました。このような政府の公定解釈はあまりにも包括的すぎ，漠然としているので，より限定的・具体的な基準に改めることが必要であると批判されています。選挙で選ばれる首長や議員と一般職の公務員とでは，職務の性格が大きく異なることから，少なくとも一般職の公務員への就任は，参政権とはパラレルに扱うべきではないと指摘されています。後者はむしろ職業選択の自由の問題として考えるのが適しているといわれています。

　最高裁は，「地方公務員のうち，住民の権利義務を直接形成し，その範囲を確定するなどの公権力の行使に当たる行為を行い，若しくは普通地方公共団体の重要な施策に関する決定を行い，又はこれらに参画することを職務とするもの」（公権力行使等地方公務員）については，「国民主権の原理に基づき，……原則として日本の国籍を有する者が……就任することが想定されている」としました（最大判平成17年1月26日）。

（2）社会権

　社会権も，各人の所属する国家によって保障されるべき権利であると考えられています。しかし，参政権とは違い，外国人に保障することが原理的に認められていない（認めたら憲法違反になる）わけではなく，法律によって外国人に認めることは憲法には反しないと考えられています。これに対し，近年では，日本に生活の本拠があり，税金などの社会的負担を負っている定住外国人については，社会権は憲法上保障されるとする考え方も有力になっています。最高裁は，「国は，特別の条約の存しない限り，当該外国人の属する国との外交関係，変動する国際情勢，国内の政治・経済・社会的諸事情等に照らしながら，その政治的判断によりこれを決定することができるのであり，その限られた財源の下で福祉的給付を行うに当たり，自国民を在留外国人より優先的に扱うことも，許されるべきことと解される」と述べて，立法府の広い裁量を認めています（最

第4部　多文化共生

判平成元年3月2日）。

　なお，健康保険や厚生年金保険，雇用保険，労災保険などの被用者保険については，従来から国籍要件はなく，外国人を国民と同様に扱っています。また，国民年金，福祉年金，児童扶養手当などについては，1981年の「難民の地位に関する条約」への加入にともなう社会保障関係法令の改正によって，国籍要件は撤廃されました。しばしば問題となる生活保護については，生活保護法第1条は，「国民」に対して最低限度の生活を保障するとしていますが，行政実務上は，「生活に困窮する外国人に対しては一般国民に対する生活保護の決定実施の取り扱いに準じて」保護を行うこととしています（昭和29年5月8日社発第382号厚生省社会局長通知）。ただし，最高裁は，「外国人は，行政庁の通達等に基づく行政措置により事実上の保護の対象となり得るにとどまり，生活保護法に基づく保護の対象となるものではなく，同法に基づく受給権を有しない」としています（最判平成26年7月18日）。

（3）入国の自由

　国際法上，国家が自己の安全と福祉に危害を及ぼす恐れのある外国人の入国を拒否することは，当該国家の自由裁量によるとされています。たとえば日本では，2002年に，著名な元サッカー選手が麻薬犯罪の前歴のため，入国を拒否されました（のちに特例措置として入国許可）。ただし，入国の自由がないからといって，正当な理由もないのに入国を拒否することは許されません。

　また，外国人には入国の自由および在留権が認められていないことから，再入国の自由も保障されていません。しかし，再入国の自由が保障されないということは，実質的に，在留外国人の海外旅行の自由が保障されていないということになります。最高裁は，日本に在留する外国人の再入国の権利は憲法上保障されていないとしています（最判平成4年11月16日）。これに対して，再入国を申請している在留外国人のほとんどは，何らかの生活のかかわりを日本にもつものであることなどを理由に，新規入国と再入国とは分けて考えるべきだという意見もあります。とくに，永住許可を得ている者など，日本に生活の拠点を置く定住外国人については，再入国は，社会生活・経済生活・精神生活を営むうえで不可欠であることなどから，短期の在留者とは分けて考えるべきであ

138

第10章　外国人の排除

るとの指摘もなされています。なお，2012年には「みなし再入国許可」が導入され，有効な旅券および在留カードを所持する外国人が出国する際，出国後1年以内に再入国する場合には，原則として再入国許可を受ける必要がなくなりました。また，特別永住者については，2年以内に再入国する場合は，原則として再入国許可を受ける必要がなくなりました。

（4）自由権

　自由権とは，国家に干渉されない権利であり，その性質上，外国人にも基本的に保障されます。しかし，自由権のなかでも，職業選択の自由については一定の制限があります。たとえば，電波法5条は，日本国籍を有しない人や外国の法人または団体などには「無線局の免許を与えない」としています。鉱業法17条は，「日本国民又は日本国法人でなければ，鉱業権者となることができない」としています。このような経済的自由の規制は，精神的自由の規制に比べると広く認められていますが，合理的な理由がない規制は違憲となります。

　精神的自由のなかでも，政治活動の自由については，参政権にかかわる権利なので，その性質上，一定の制限があるとされています。上記のマクリーン事件では，「政治活動の自由についても，わが国の政治的意思決定又はその実施に影響を及ぼす活動等外国人の地位にかんがみこれを認めることが相当でないと解されるものを除き，その保障が及ぶ」としています。これに対しては，政治活動と参政権とは異なるものであること，また，外国人の発信する政治的表現は日本国民にとっても有益であることなどから，表現の自由については最大限保障すべきであるとの批判もあります〈ワーク10-2〉。

　　〈ワーク10-2〉
　　上記の，外国人に認められないとされている権利は，本当に認められないのでしょうか。権利の性質や，外国人の実態に即して考えなおしてみましょう。

第4部 多文化共生

5 その他の問題

(1) 指紋押捺

指紋押捺制度は，1952年に外国人登録法が制定された際に，外国人の居住関係および身分関係を明確にし，もって外国人の公正な管理に資するという目的を達成するために設けられました。指紋押捺を拒否する場合には，1年以下の懲役若しくは禁錮又は20万円以下の罰金が科せられていました。立法当初は，押捺義務は2年ごとでしたが，その後3年ごと，5年ごととなり，1987年には原則として最初の1回のみとなりました。その後，外国人登録法に基づく指紋押捺は，永住資格のある定住外国人については1992年に，非永住者については1999年に廃止されました（両者とも施行は翌年から）。しかし，2001年のアメリカ同時多発テロを受け，2006年の入管法改正により，日本に入国する外国人については，指紋の採取と写真の提供が義務づけられました（2007年施行）。

指紋押捺制度は人権侵害であると批判され，1980年代には外国人の指紋押捺拒否が大きな問題となっていました。一時は1万人を超える外国人が指紋押捺を拒否または留保したといわれています。これに対して，法務大臣は，指紋押捺を拒否する者に対しては，在留期間の延長を認めず，また，永住権を有する者であっても再入国を不許可としました。また，最高裁は，指紋押捺の強制は，「立法目的には十分な合理性があり，かつ，必要性も肯定でき」，「方法としても，一般的に許容される限度を超えない相当なもの」であるとして，憲法13条に違反しないと判示しました（最判平成7年12月15日）。

(2) 私人間での差別──「外国人お断り」

公権力による権利の制限や差別的な取り扱いのほかに，私人の間での差別も問題となります。たとえば，外国人であることを理由に，施設の利用等を拒否することなどがしばしば問題となっています。公衆浴場に入浴しようとしたところ，外国人であることを理由に入浴を拒否された事件（小樽公衆浴場事件。なおこの事件の原告の一人は日本に帰化していました）や，宝石店で，外国人であることを理由として入店を拒否された事件，外国籍であることを理由に会員制ゴ

140

第10章　外国人の排除

ルフクラブへの入会を拒否された事件，アパートの入居拒否など，多くの事件
があります。

　これらの事件では，「外国人の方の入場をお断りします」，「外国人の入店は
固くお断りします」といった貼り紙が掲示されることがあります。他にも，サッ
カーのスタジアムで，サポーターが"JAPANESE ONLY"と書かれた横断幕
を掲げて問題となったことなどもあります。また，2000年代に入り，外国人に
対する差別を助長したり，外国人の排斥を訴えたりするデモ活動などが急激に
増えて問題となっています。このような差別的な表現の問題は**第11章**で扱い
ます。

📖 **読書案内**

① 近藤敦編，2015，『外国人の人権へのアプローチ』明石書店.
② 河原祐馬・植村和秀編，2006，『外国人参政権問題の国際比較』昭和堂.
③ 西川潤編，2005，『グローバル化時代の外国人・少数者の人権—日本をどうひらくか』明
　石書店.

【桧垣伸次】

第**11**章　ヘイト・スピーチによる差別・抑圧

　近年，外国人を非常に汚い言葉で罵ったり，その排斥を訴えるようなデモ活動がしばしばみられるようになりました。このような差別や排斥を煽動（せんどう）するような表現を「ヘイト・スピーチ」と呼んでいます。ヘイト・スピーチは，その対象の人間性を否定するものであり，被害者を深く傷つけるため，ヘイト・スピーチを規制するべきだと主張されています。しかし，憲法は表現の自由を保障しており，国（公権力）が表現を規制することは，原則として許されていません。歴史を振り返ると，権力者が自分に都合の悪い表現を弾圧してきた事例は数多くあります。ヘイト・スピーチを規制するならば，それを口実に他の表現まで規制されるのではないかという懸念もあります。実際に，過去に与党議員がヘイト・スピーチの規制とともに国会議事堂周辺のデモも禁止すべきであると発言したことがあります。また，後でみるように，表現の自由は民主主義を維持するために必要不可欠な権利なので，その規制には慎重にならなければなりません。そのため，ヘイト・スピーチを規制できるかどうかが問題となっています。この章では，ヘイト・スピーチの規制を巡るさまざまな議論を検討して，その規制が許されるかどうかを考えてみましょう。

1　何が問題か

　2009年12月から３回にわたり，在日特権を許さない市民の会（在特会）などの会員らが，京都朝鮮第一初級学校付近で示威活動を行いました。その際，拡声器を用いて，「（本件学校は）公園を50年も不法占拠している」，「我々の先祖の土地を奪った。戦争中，男手がいないとこから，女の人をレイプして奪ったのがこの土地」，「ここは北朝鮮のスパイ養成機関」，「犯罪者に教育された子ども」，「こいつら密入国の子孫」，「約束というのはね，人間同士がするもんなんですよ。人間と朝鮮人では約束は成立しません」，「端のほう歩いとったらええ

第11章　ヘイト・スピーチによる差別・抑圧

んや，初めから」，「日本から出て行け。何が子どもじゃ，こんなもん，お前，スパイの子どもやないか」，「朝鮮人を保健所で処分しろ」，「犬のほうが賢い」，「ゴキブリ朝鮮人，とっとと失せろー」などと，きわめて侮辱的な発言をしました。

　この事件以外にも，近年では，新大久保や鶴橋などでも，在日外国人の排斥を訴える集団行進が行われるなどしています。このような表現を，「ヘイト・スピーチ」といいます。日本では，ヘイト・スピーチという言葉が広く知られるようになる前から，主として被差別部落出身者に対する差別的な表現が問題となっていました。2000年代に入ると，主として在日コリアンを対象とするデモ活動等が活発となり，大きな社会問題となりました。また，日本だけでなく，ヘイト・スピーチは世界中で問題となっています。たとえばアメリカでも，2017年8月に，バージニア州シャーロッツビルで，白人至上主義者の集会が行われ，これに抗議する者と衝突して，死傷者が出るという事件が起こっています。この事件にみられるように，ヘイト・スピーチは，ときには暴動，さらには虐殺につながることもあります。そのため，後にみるように，ヨーロッパの多くの国は何らかの形でヘイト・スピーチを規制しています。日本でも，ヘイト・スピーチを規制する必要があるでしょうか。

　ヘイト・スピーチという言葉は，1980年代のアメリカで使われるようになったものです（それまでは，「集団的名誉毀損」などの言葉が使われていました）。そのとらえ方自体が多様であるため，定義は論者によって異なっています。そのためか，議論が錯綜していることもあります。この章では，さしあたり，「人種，民族，宗教，性別等にもとづく憎悪を表明するあるいは差別を正当化もしくは助長する表現」と定義します。ヘイト・スピーチは，人種などの個人の属性を理由に対象を攻撃するものであり，単なる侮辱や名誉毀損とは質的に違うことに注意が必要です。以下では，ヘイト・スピーチとは何なのか，そして，ヘイト・スピーチの規制をめぐる議論をみていきます。

2　なぜ「表現の自由」が重要なのか

　この問題については，「ヘイト・スピーチを肯定するわけではないが，法に

第4部 多文化共生

よる規制には反対である」という立場も有力です。なぜならば，ヘイト・スピーチを規制することになれば，表現の自由という非常に重要な権利を制限することになるからです。なぜ表現の自由が重要な権利なのかについては，さまざまな根拠が示されてきました。その1つに，表現の自由と「民主政治の過程」との関係を強調する考え方があります。この考え方によると，民主主義社会では，主権者である国民が代表（議員）を選ぶ際に，賢明な判断を下すためには，公の問題についてのあらゆる情報をもっていなければならないとされます。そして，それらの情報は，公の問題について自由に議論することができなければ存在しえないため，表現の自由は，民主主義国家においてとりわけ重要な権利であるとされます。また，選挙以外の場面でもさまざまな表現活動を通じて，国民の声を政府に伝えることが必要となります。そのため，表現の自由が制約されてしまうと，国民が必要な情報を得られなくなるおそれや，国民の声が政府に伝えられなくなるおそれが生じます。だからこそ，表現の自由は手厚く保障する必要があるとされています。

　表現の自由の重要性を根拠に，ヘイト・スピーチの規制に反対する意見に対しては，ヘイト・スピーチは民主政治の過程に必要のない内容の表現であるから，規制してもよいのではないかという反論があるかもしれません。しかし，問題となるのは，何が「ヘイト・スピーチ」なのかが明確ではないことです。表現の自由を規制する法律は，明確ではなければならないという原則があります。もし，規制される表現の範囲が曖昧な場合，規制を恐れて表現を控えてしまうということが起こってしまいます（これを「萎縮効果」と呼んでいます）。上述した理由から，民主主義国家においては，できるだけ多くの情報が流通する必要があるので，規制される表現と許容される表現との境界をできるだけ明確にして，萎縮効果の発生をできるだけ防ぐ必要があります。しかし，ヘイト・スピーチは政策等にかかわる言論と紙一重の場合があり，規制される表現の境界を画定することは難しいといわれています。たとえば，規制法の文言次第では，移民政策に関する議論がヘイト・スピーチにあたるとされる可能性もあります。また，社会的・政治的な問題についての発言は，自分の利益と直結しない場合が多いことから，リスクを冒してまで発言するインセンティブは大きくないと考えられています。そのため，表現の自由については，経済的自由と比

第11章　ヘイト・スピーチによる差別・抑圧

べて，萎縮効果が発生しやすいと考えられています。

　また，表現の自由が規制されると，なによりもまずマイノリティの表現が規制されるおそれが大きいことも指摘されています。なぜならば，規制されるのは通常，多数派にとって不人気な表現または不快な表現だからです。また，規制法を通じて，政府批判が規制されることもありえます。たとえば，アメリカでは，1960年ごろ，差別の撤廃をめざしていたキング牧師らが，新聞等を通じて差別の実態を全国に広めようとしていました。これに対し，南部主流派は，名誉毀損などを理由に巨額の損害賠償を求めてメディアを提訴するなどして，人種差別に関する報道を困難にしようとしていたことが指摘されています。

　このような理由から，ヘイト・スピーチの規制が，表現の自由に対する過度の規制になるのではと懸念されています。そのため，多くの論者はヘイト・スピーチ規制には批判的です〈ワーク11-1〉。

〈ワーク11-1〉

　ヘイト・スピーチの規制に賛成／反対の立場それぞれに立ってみて，規制のメリット・デメリットを考えてみましょう。

3　ヨーロッパとアメリカ

　〈ワーク11-1〉で，ヘイト・スピーチの規制に賛成・反対の立場それぞれを考えてもらいましたが，この問題については，ヨーロッパとアメリカとで立場が分かれています。ヨーロッパでは，ヘイト・スピーチはさまざまなやり方で規制されていますが，アメリカでは，基本的に規制はされていません。アメリカでは，攻撃的あるいは不快であるからという理由だけでは表現を規制してはならないという原則を固持されていますが，ヨーロッパ諸国やカナダでは，平等，人間の尊厳，多文化主義などを理由に，ヘイト・スピーチなどの過激な表現の規制は許されるとされています。

(1) ヨーロッパ

　ヨーロッパ諸国をみてみると，刑法に，ヘイト・スピーチを規制する条項を

第4部　多文化共生

置いている国（ドイツ，スイスなど）や，公共秩序法（イギリス）や人種差別法（フランス）など，ヘイト・スピーチを規制する条項を置く法律を刑法とは別に制定している国などがあります。また，ロシアでは，憲法にヘイト・スピーチを禁止する条文を置いています。このように，ヨーロッパの多くの国では人種主義的な言論を規制する法が制定され，ヨーロッパ人権裁判所も，人種あるいは宗教に関する煽動的な言論については，この傾向を支持しています。EUもこの傾向を強化し，2008年には，加盟国に対し，人種等に基づく憎悪あるいは暴力を煽動するような言論を違法化するよう求めました。また，ヨーロッパに関しては，とくに「ホロコーストの否定」表現（ホロコーストという出来事を，①露骨に是認する，賞賛する，あるいは正当化する表現，②矮小化する表現，③否定する表現など）が厳しく規制されています。

（2）アメリカ

アメリカでは，ヘイト・スピーチを規制する連邦法はありません。また，不特定多数に向けられたヘイト・スピーチの規制は，表現内容規制にあたるとして，原則として規制は許されていません。アメリカでは，一般に，表現の内容に着目した規制に対しては，裁判所はその合憲性について厳格に審査しています。その場合，やむにやまれぬ政府利益（compelling interest）を達成するための必要最小限度の規制のみが合憲となります。とくに，特定の観点のみを規制することは，特定の思想の弾圧になる可能性が高いため，原則違憲であるとされます。ヘイト・スピーチを規制する法令も，特定の内容あるいは観点を規制するものであるため，原則違憲であると考えられています。

1992年のR.A.V.判決では，ヘイト・スピーチの一類型である十字架を燃やす行為を規制する条例が，内容に基づいて特定の言論を差別的に扱っているとして違憲とされました。ただし，のちの判例で，特定の者に対する脅迫等にあたるヘイト・スピーチを規制することは合憲とされました。2017年にはロックバンドが"The Slants"という名前を商標登録しようとしたところ，アジア人に対して侮蔑的であるという理由から，特許商標庁が出願を拒絶した事件において，連邦最高裁は，侮蔑的な商標の登録を禁止する連邦商標法（Lanham Act）の規定を違憲であると判断しました。

第11章　ヘイト・スピーチによる差別・抑圧

　なお，アメリカはヘイト・スピーチだけではなく，表現の自由を非常に手厚く保障しています。近年の判例をみても，合衆国最高裁は，暴力的なビデオゲームの子どもへの販売・貸付等や，軍の勲章の受賞歴を詐称すること，イラクで服務中に死亡した兵士の葬儀の際に，葬儀会場近くで「神はお前を憎んでいる」，「神よ，兵士の死をありがとう」などと書かれたプラカードを掲げながらデモ行進を行ったことなどの過激な表現を禁止することを違憲と判断しています。

（3）両者の違い

　このようにみると，ヨーロッパとアメリカとが対照的な対応をしていることがわかります。一例を挙げると，イギリスでは，炎に包まれた世界貿易センタービルの写真などに「イスラム教徒はイギリスから出ていけ」，「イギリス人を守れ」などの言葉を重ね合わせたポスターを自宅の窓に貼った行為が公共秩序法第5条違反とされた事件がありますが，アメリカではこのような表現行為の規制は違憲となると考えられています。

　もちろんヨーロッパ諸国でも同様に，表現の自由は非常に重要な権利であると考えられています。なぜヨーロッパとアメリカとではこのように対応が異なるのでしょうか。この点については，両者の歴史的背景の違いが指摘されます。

　ヨーロッパ諸国では，第二次世界大戦後には，非ナチス化をめざしたドイツやオーストリアが，ナチスのレトリックや象徴を禁止するようになりました。それ以外の国家が，人種主義的な言論の規制に乗り出すのは，反ユダヤ主義的な言論や反移民的な言論が吹き荒れていた1960年代中頃から1970年代にかけてのことでした（なお，このような反ユダヤ主義は，人種差別撤廃条約の採択のきっかけともなりました）。さらには，1990年代には，排外主義の波が押し寄せ，各国は徐々に規制を強化していきました。このような歴史的経緯により，ヨーロッパ諸国は人種主義的な言論を規制する法を発展させてきました。ただし，ヨーロッパでも，過度の表現規制とならないように，運用上の配慮がなされていることにも注意が必要です。実際には，限界事例においては規制法を適用しないことも多いといわれています。適用されるとしても，懲役刑ではなく，たいていは罰金刑や執行猶予にとどまっています。また，過度の規制とならないよう，規制範囲を限定する努力もなされています。

第4部　多文化共生

　アメリカでは，現在では言論の自由が厚く保護されていますが，建国以来，そうだったわけではありません。むしろ，集団的名誉毀損法を合憲とした1952年のボハネ判決にみられるように，1940年代から50年代の合衆国最高裁判所の判決は，言論規制法を許容していました。アメリカがヨーロッパとは異なる方向に進んだのは，1960年代から70年代にかけてのことでした。この時期になると，公民権運動など，マイノリティの権利獲得運動の一環として，メディアを利用するようになっていました。それゆえ，多くのマイノリティ集団は，人種主義的言論を規制する法は，かれらの表現の自由を制約しうるものと考え，政府に対し，人種主義的言論を規制する法の制定を求めませんでした。そして，合衆国最高裁判所も，公民権運動の時代を通じて，アメリカの核心的な価値としての言論の自由を定着させていきました。こうして，例外はあるものの，概して表現の自由はアメリカの法制度に深く浸透しました。このように，アメリカが言論保護的なアプローチをとるようになったのは，決して必然ではなく，アメリカ社会の選択によるものだったといわれています。

　このような歴史的な背景により，ヨーロッパ諸国とアメリカは異なるアプローチをとるようになったと指摘されています。もちろん，歴史的背景がすべてではありませんが，ヨーロッパとアメリカの軌跡を把握するために重要な要素となります〈ワーク11-2〉。

〈ワーク11-2〉
　日本の人種差別の歴史や現状をふまえて，日本でもヘイト・スピーチを規制すべきでしょうか。また，規制するとしたら，どのような表現が対象になるでしょうか。

4　日本におけるヘイト・スピーチ

(1) 現行法の枠組み

　日本では，現在のところ，ヘイト・スピーチそのものを規制する法はありません。2016年5月に「本邦外出身者に対する不当な差別的言動の解消に向けた取組の推進に関する法律」（以下，「ヘイト・スピーチ解消法」とします）が制定されました。同法は，「本邦外出身者に対する不当な差別的言動の解消が喫緊の

課題であることに鑑み，その解消に向けた取組について，基本理念を定め，及び国等の責務を明らかにするとともに，基本的施策を定め，これを推進することを目的」としつつも（第1条），罰則を定めていません。これは，ヘイト・スピーチは許されないとしつつも，表現の自由の保障という観点から，バランスをとろうとしたものといえます。

ただし，一部のヘイト・スピーチについては，現行法による規制が可能となっています。ヘイト・スピーチは，その態様によっては，脅迫罪，名誉毀損罪，侮辱罪，威力業務妨害罪などにあたることがあります。また，ヘイト・スピーチにより権利または法律上保護される利益が侵害された場合には，不法行為として損害賠償を請求することができます。

（2）京都朝鮮学校事件

日本でヘイト・スピーチの問題が広く知られるようになったきっかけの1つに，**1**で挙げた京都朝鮮学校事件があります。京都朝鮮第一初級学校を運営する学校法人京都朝鮮学園は，このような活動が不法行為にあたるとして損害賠償および示威活動等の差止めを求めて提訴しました。これに対し，京都地裁が，同活動が不法行為にあたるとして損害賠償と差止めを認めたことが新聞等で大々的に報じられ，大きな話題となりました（京都地判平成25年10月7日）。

大阪高裁も，ヘイト・スピーチについて，民法709条所定の不法行為に該当すると同時に，人種差別撤廃条約1条1項にいう「人種差別」に該当する場合には高額な損害賠償が認められると判断しました（大阪高判平成26年7月8日）。なお，2014年12月9日には，最高裁が在特会の上告を棄却し，約1,200万円の賠償を認めた1審，2審判決が確定しています（最判平成26年12月9日）。

大阪高裁・京都地裁ともに，本件で問題となった発言は，在日朝鮮人が「平等の立場で人権及び基本的自由を享有することを妨害しようとするもの」であり，人種差別撤廃条約1条1項にいう「人種差別」に該当すると指摘しています。そして，民法709条所定の不法行為に該当すると同時に，「人種差別」に該当する場合には損害賠償額の算定において，その悪質性が考慮されるとしました。本判決により，少なくとも特定の個人や団体を標的にしたヘイト・スピーチに対して実効的な救済が可能になった点で，本判決には大きな意義がありま

第4部　多文化共生

す。しかし，本件は，業務妨害の不法行為責任等を認めた判決であり，ヘイト・スピーチそのものを違法としたわけではありません。1審が指摘するように，不特定多数に向けられたヘイト・スピーチに対して不法行為責任を認めることは民法の解釈を逸脱するものであり，新たな立法なしに行うことはできないとされています。要するに，問題となった表現が，「京都朝鮮第一初級学校」などの特定の団体を対象とする場合は，既存の法でも規制は可能ですが，「○○人一般」など不特定多数を対象とする場合には，既存の法では規制できないとされています。このような既存の法制度では，被害者の救済に不十分であるとの指摘があり，不特定多数を対象とするヘイト・スピーチを規制するべきか否かが議論になっています。

（3）ヘイト・スピーチ解消法

　前述のように，2016年にヘイト・スピーチ解消法が成立しました。同法は「本邦外出身者に対する不当な差別的言動」を，「専ら本邦の域外にある国若しくは地域の出身である者又はその子孫であって適法に居住するもの……に対する差別的意識を助長し又は誘発する目的で公然とその生命，身体，自由，名誉若しくは財産に危害を加える旨を告知，本邦の域外にある国又は地域の出身であることを理由として，本邦外出身者を地域社会から排除することを煽動する不当な差別的言動」と定義しています（第2条）。すなわち，同法が定義するヘイト・スピーチは，特定・不特定を問わないものになっています。

　しかしながら，同法は，このような言論は「許されない」とはするものの，罰則は定めていません。ヘイト・スピーチ規制をめぐる議論では，ヘイト・スピーチを規制する際に，曖昧なあるいは過度に広範な規制とならないか，という点がしばしば問題となっています。ヘイト・スピーチの規制に反対する議論は，ヘイト・スピーチは曖昧な概念であり，それを規制することは，正当な言論に萎縮効果をもたらすのではないかを問題にします。ヘイト・スピーチ解消法は，罰則を設けていないがゆえに，この点をクリアー（あるいは棚上げ）しているともいえます。この点で，同法について，肯定的な評価もあります。他方で，罰則を設けていないため，同法は効果がないとの批判もあります。

　ヘイト・スピーチ解消法は，国や地方公共団体に対して，本邦外出身者に対

第11章　ヘイト・スピーチによる差別・抑圧

する不当な差別的言動の解消に向けた施策を講ずることを求めています（第4条）。同法4条2項は、地方公共団体は、「当該地域の実情に応じた施策を講ずるよう努めるものとする」としています。ヘイト・スピーチをめぐる状況は地域によって異なるので、それぞれ立法事実を検討しながら、条例を制定することを求めています。そして、基本的な施策として、相談体制の整備（第5条）や、教育活動（第6条）や啓発活動等（第7条）を実施することを求めています。ただし、同法は、「当該地域の実情に応じた施策」がどこまで可能なのかについては何も規定していないため、各自治体がどのようなことができるのかが問題となります。

（4）地方公共団体の対応

　ヘイト・スピーチ解消法制定よりも前に、大阪市が「大阪市ヘイトスピーチへの対処に関する条例」を制定しました。同条例では、ヘイト・スピーチに該当する言論行為が行われたという申出等があった場合に、学識経験者等で構成されるヘイト・スピーチ審査会の意見を聴き、問題となった表現がヘイト・スピーチに該当すると判断された場合には、表現内容の拡散防止措置をとるとともに、表現内容の概要、表現活動を行ったものの氏名または名称等を公表するとしています。また、同法制定以降、いくつかの地方公共団体が、ヘイト・スピーチに関する条例を制定することを検討しています。

　デモ活動や集会をするためには、場所が必要となります。そのため、市民会館や道路、公園などを利用します。これらの公の施設を利用するためには、許可をとる必要があります。2016年に、ある団体が、在日コリアンが多く居住する川崎市桜本地区で、「川崎発！　日本浄化デモ第三弾！　を実施します」などと事前に予告した事件において、川崎市が公園の使用を不許可としたのに対し、神奈川県警は道路の使用を許可したことが大きく注目されました。この問題について、2015年に東京弁護士会が、「地方公共団体に対して人種差別を目的とする公共施設の利用許可申請に対する適切な措置を講ずることを求める意見書」を提出するなど、排外主義団体などによる公共施設の利用を拒否することを地方公共団体に求める意見もあります。2017年11月には、川崎市が「本邦外出身者に対する不当な差別的言動の解消に向けた取組の推進に関する法律に

151

第4部　多文化共生

基づく『公の施設』利用許可に関するガイドライン」を策定しました。しかし，ある表現について，事後に刑事責任あるいは民事責任を問うことはともかく，事前に差止めることは，恣意的な判断が入り込む余地が大きいので，基本的には許されないと考えられています。公共施設の利用に関し，地方自治法244条2項は，「普通地方公共団体は，正当な理由がない限り，住民が公の施設を利用することを拒んではならない」と規定しています。何が「正当な理由」にあたるのかについて，最高裁は，市民会館の利用を拒否できるのは，人権侵害が発生する危険性があるというだけでは足りず，「明らかな差し迫った危険の発生が具体的に予見されることが必要」であり，そのような危険の存在を認めるには，「そのような事態の発生が許可権者の主観により予測されるだけではなく，客観的な事実に照らして具体的に明らかに予測される場合でなければならない」と述べています（泉佐野市民会館事件（最判平成7年3月7日））。この基準を満たすことは難しいと考えられています。この点から，川崎市のガイドラインにも賛否両論があります。

5　今後の課題

日本では，ヘイト・スピーチ解消法が成立しましたが，同法によって，行政がどこまで対応できるかはいまだ不明確です。また，同法は罰則がないことから，不十分だという意見もあります。しかし，仮に罰則を設けるとすると，表現の自由を不当に侵害しないかが問題となります。そのため，規制範囲，すなわち，何が「ヘイト・スピーチ」であるかを明確にしなければなりません。

ヘイト・スピーチは歴史的な支配・従属関係を強化するものであり，歴史的・社会的文脈は，言葉の害悪の程度に影響するため，何が「ヘイト・スピーチ」であるかを考えるにあたっては，その国の歴史的・社会的背景を検討しなければなりません。たとえば，アメリカでは，「十字架を燃やす行為」がヘイト・スピーチの一種であるとされています。十字架を燃やす行為は，もともとは，クー・クラックス・クラン（KKK）の儀式に使われてきた行為であり，白人プロテスタント優越主義というイデオロギー的メッセージを伝達するものです。また，十字架を燃やす行為は，アフリカ系アメリカ人などに対する脅迫の手段

第11章　ヘイト・スピーチによる差別・抑圧

としても使われてきました。そのような歴史があるからこそ，十字架を燃やす行為はヘイト・スピーチの一種であると認識されています。歴史的・社会的背景が異なる日本では，十字架を燃やす行為はヘイト・スピーチとは認識されることはありません。つまり，日本で何がヘイト・スピーチにあたるかを考えるにあたっては，日本の差別に関する歴史的・社会的背景と検討しなければなりません。

また，「ヘイト・スピーチ」は非常に多義的であることが指摘されています。つまり，ヘイト・スピーチによって侵害される法益はさまざまなものがあります。たとえば，「日本から出ていけ」と「〇〇人を殺せ」とでは，侵害される法益は異なると考えられます。ヘイト・スピーチといっても，さまざまなものがあるので，一括りに考えるのではなく，害悪ごとに類型化し，それぞれ規制可能性を探る必要性があるといわれています。

さらには，ヘイト・スピーチの規制が憲法上可能か否かという問題と，規制の政策的適否は別の問題であることにも留意しなければなりません。ヘイト・スピーチ規制法の効果や影響などを，日本の現状等をふまえて慎重に考慮する必要があります。

これらのことをふまえて，ヘイト・スピーチをどこまで規制するのか（あるいはしないのか）を考えていかなければなりません。

📖 **読書案内**

① 中村一成，2014，『ルポ 京都朝鮮学校襲撃事件―〈ヘイトクライム〉に抗して』岩波書店.
② 桧垣伸次，2017，『ヘイト・スピーチ規制の憲法学的考察―表現の自由のジレンマ』法律文化社.
③ 師岡康子，2013，『ヘイト・スピーチとは何か』岩波書店.

【桧垣伸次】

第12章　外国につながる子どもたち

　前章までは，日本に暮らす外国人は，かれらにとっての異国「日本」で暮らすうえでどのような権利が認められているのか，その一方でどのような差別があるのか，ヘイト・スピーチを例に，外国人をとりまく差別について考えました。この章では，「日本のなかの多文化」をさらに理解していくために，外国につながる子どもたちに焦点を当て，かれらが日本の学校で学ぶうえでどのような課題に直面し，どのような思いを抱えているのか理解していきます。日本の学校は日本人に対する教育を前提に存在しており，その意味において，日本語を話し，日本語で学び，日本人の価値規範を「フツー」のものとしているといえます。この章では，外国につながる子どもたちに対する差別を大きく取り上げるわけではありませんが，言語，生活習慣，価値観などの文化，つまり日本語や日本の価値観といった「フツー」が日本人とは異なるとみなされるがゆえに生じる学びづらさや生きづらさについて考えていきましょう。どのような点が学びづらさや生きづらさにつながるのか，かれらの抱える課題について理解を深めることは，日本の学校，あるいは社会からかれらが受ける可能性のある差別や抑圧がどのようなことに起因しているのかを理解する一助となります。

1　多様な背景をもつ人々が暮らす日本社会

　2017年10月29日の朝日新聞朝刊に「日本代表　故郷は『世界』」という記事が掲載されました。その記事は，2020年東京オリンピックで日本代表として出場することをめざしている選手のなかでも，外国につながる選手を取り上げています。最近，外国につながる選手のスポーツ界での活躍が顕著になってきました。たとえば，陸上短距離選手のサニブラウン・アブデルハキーム選手は，2017年日本選手権100m，200mで優勝し，世界選手権日本代表として出場しています。スポーツに興味がないと選手の顔までは思い出せない人もいるでしょ

うが，みなさんはサニブラウン選手の顔が思い浮かぶでしょうか。彼の父親は
ガーナ人，母親は日本人であり，国際結婚の両親をもち，「フツー」の日本人
とは外見が異なって見えます。では，そうした外見を見たときに，みなさんは
サニブラウン選手を「日本人」と思うでしょうか。「日本代表で走っているん
だから」，「日本の学校に通って，勉強してきているんだから」，「日本人の母親
がいるんだから」等々の理由で，「日本人」だと思う人もいるでしょう。逆に，
「外見が日本人に見えない」，「肌の色が日本人とは違う」，「筋肉の付き方が違う」
という理由で，「日本人」だとは思わないという人もいるでしょう。ここでみ
なさんが「日本人」か否かを判断する基準は一体何であるのでしょうか。日本
国籍をもっていたり，日本代表として活躍しているならば，当たり前のように
日本人ととらえられていいのでしょうが，そうとらえることを何が阻んでいる
のでしょうか。私たちは，自分たちのなかに「日本人」ではないと線引きする
何かしらの基準を作り上げているのです。その一方で，現実には，サニブラウ
ン選手以外にも，同じ陸上界ではケンブリッジ飛鳥選手が，テニス界では大坂
なおみ選手が，プロ野球の世界ではオコエ瑠偉選手が，相撲界では高安関が
……といった具合に，さまざまなところで，外国につながる選手がめざましい
活躍を遂げています。そして，その活躍を「日本人」として喜んでいたりする
人たちもいます。

　これはスポーツ界に限ったことではありません。芸能界でも大勢の外国につ
ながる人が芸能人として活躍しています。また，そうしたちょっと自分とは「か
け離れた」世界だけではなく，みなさんの身近にも実はこうした外国につなが
る人々は増えてきています。

　外国籍をもち，日本で暮らす人々は年々増加傾向にあります。「在留外国人
統計（2015年末）」を確認すると，その総数は約223万人で，日本の総人口に占
める割合は1.76％となっています。このパーセンテージをみて，「なんだ約２％
か」と思った人もいれば，「２％もいるの」と思った人もいるかもしれません。
約223万人の内訳をみると，中国籍者は約67万人，韓国籍者は約46万人，フィ
リピン籍者は約23万人，ブラジル籍者は約17万人，ベトナム籍者は約15万人と，
圧倒的にアジアの国出身の人々が多いことがわかります。

　また，さきほど述べたスポーツ選手たちは両親が国際結婚という人たちです

第4部 多文化共生

が，国際結婚の状況についてもみてみましょう。2015年の「人口動態統計」（厚生労働省）のデータをみてみると，結婚件数の約30組に1組は国際結婚であることがわかります。日本人の夫と外国人の妻という組み合わせが約14,800件で，外国人の夫と日本人の妻という組み合わせが約6,200件という状況で，圧倒的に日本人男性と外国人女性の国際結婚が多いことがわかります。国際結婚の割合は一時期に比べ減ってきてはいるものの，こうした国際結婚の結果，外国につながりをもつ「ダブル」の子どもたちが増えています（国際結婚の親をもつ子どものことを「ハーフ」というのは耳にしたことがあると思いますが，ここでは双方の国や文化をより積極的にとらえることを示すため，「ダブル」と使っています）。同様に「人口動態統計」のデータで出生数を確認すると，50人に1人はこうしたダブルの子どもであることがわかります。国際結婚の場合，国籍法に従い手続きをとると子どもは両親の国籍を保持し，二重国籍となることができます。22歳までに国籍選択をしないといけないという決まりがあり，その選択によって日本国籍を保持し続けるか否かが決まりますが，少なくともそれまでは外国人の親の文化という日本とは異なる文化的背景をもちつつも，国籍上は「日本人」というように扱われるわけです。

　以上のようなデータからは，外国籍をもつ「外国人」をはじめ，「日本国籍」をもちながらも多様な背景をもった人々が増加しているということをイメージできるでしょう。ここで勘の良いみなさんはこの章で単純に「外国人」と使わない理由に気づいたかもしれません。その通りです。国籍が日本国籍か否かにかかわらず，日本とは異なる文化的背景をもつ人々のことを，この章では「外国につながる人々（子ども）」と呼んでいます。

2　外国につながる子どもたち

　さまざまな経緯で，日本とは異なる文化的背景をもつ人々が暮らしていますが，ここでは子どもたちについて考えてみましょう。

　それぞれについて細かな経緯を説明することができませんので，「知らないな」と思ったらぜひ調べてほしいのですが，次のような背景をもった子どもたちが日本で暮らし，学校で学んでいたりします。第二次世界大戦前から戦中，

第12章　外国につながる子どもたち

戦後の流れのなかで相手国と日本の国家間の歴史的背景があって暮らしている「在日コリアン」や中国残留孤児・婦人を家族にもつ子どもたち（この章と**第13章**では，中国帰国者の子どもたちと呼びます），南米に日本から移住していたけれども日本経済の労働力が足りない1990年代に働き手として来日した日系ブラジル人や日系ペルー人など南米日系人の子どもたち，親の留学にともなって家族で日本にやってきた子どもたち，そして国際結婚の親をもつ子どもたちなど，日本以外の多様な文化的背景をもつ子どもたちがいます。こうした子どもたちは，先ほど述べたように，「外国人（外国籍）」の子どもに留まらず，実に多様な「文化的背景」をもつ子どもたちなのです。

　では，こうした子どもたちはどの程度日本の学校に在籍しているのでしょうか。「外国につながる子ども」の数を正確に把握するための統計はありませんが，次のデータを参考にしながら考えてみましょう。文部科学省の「学校基本調査」によると，平成28（2016）年度に公立学校に在籍している「外国籍」の児童生徒数は約8万人となっています。ここには，外国につながりをもつ「日本国籍」の子どもは含まれていませんので，そうした子どもを含めるとさらにその数は増えるでしょう。文部科学省は外国籍の子どもたちの増加にともない，「日本語指導が必要な児童生徒の受入れ状況等に関する調査」を実施しています。この調査は，日本語ということばの力に注目しているもので，ここでいう日本語指導が必要な児童生徒とは，「日本語で日常会話が十分にできない児童生徒」と「日常会話ができても学年相当の学習言語が不足し，学習への参加に支障が生じており，日本語指導が必要な児童生徒」の両者を指しています。先の外国籍児童生徒数と合わせて考えるために，こちらも平成28（2016）年度のデータをみてみましょう。日本語指導が必要な外国籍の児童生徒数は約34,000人であり，在籍する外国人児童生徒の約42％が日本語指導を必要としているといえます。もう1つ，興味深いデータがあるのでみてみましょう。この調査では，日本語指導が必要な外国籍児童生徒数と同様に，「日本語指導が必要な日本国籍の児童生徒数」についても調べています。この数は年々増え，平成28（2016）年度には1万人弱の日本国籍の子どもたちが日本語指導を必要としていると示されています。「日本国籍（日本人）なのに，日本語指導が必要な子どもたちって，どのような子どものこと？」と疑問に思うかもしれません。これに該当す

157

第4部　多文化共生

るのは，たとえば親の海外駐在に同行し，長く現地校で教育を受けた日本人の
子どもたちや，この章ですでに述べてきたように，国際結婚家庭に生まれ育ち，
家庭内のことばが多言語で日本語の力が年齢相応に身についていない子どもた
ちになります。

　ことばに注目したデータを取り上げてみましたが，ここで1つみなさんに質
問です〈ワーク12-1〉。

> ┈┈〈ワーク12-1〉┈┈┈┈┈┈┈┈┈┈┈┈┈┈┈┈┈┈┈┈┈┈┈┈┈┈┈┈┈┈┈┈┈┈
> 　外国につながる子どもたちが日本の学校で勉強していくなかで困ることはどのよ
> うなことでしょうか。

　どうでしょうか。いくつか思いつきましたか。なかなか思いつかない人は，「も
し自分が突然外国に引っ越して，外国の学校に通うことになったら……」と想
像してみると，「こんなことに困る！」ということがすぐに思い浮かぶかもし
れません。いろいろな困りごとが出てくるでしょうが，外国につながる子ども
たちが抱えることになる課題を整理して考えてみましょう。

3　外国につながる子どもたちが抱える課題

　外国につながる子どもたちは，大きく次の4つの課題を抱えることになると
いわれています。もちろん，その子どもの生育歴（日本生まれ，育ちか否か），
就学歴（日本で，あるいは外国で学校に通った経験があるか），言語能力の状況（日
本語がどの程度理解できるか，母語の力はどの程度か）等によって，抱える課題の
困難さや複雑さは変わってきます。では，1つずつみていくことにしましょう。

（1）学校や社会への適応・居場所

　私たちは誰しも，初めての場所で過ごすときには緊張します。ましてや，言
語や文化，習慣が異なる場合はなおさらでしょう。一日中，わからないことば
を聞いて過ごすことや，わずかに理解できることばを手がかりになんとか学校
生活を頑張ろうとすることは，精神的にも強いストレスを抱えることになりま

158

第12章　外国につながる子どもたち

す。その際，外国につながる子どもたちは，言語や価値・規範，生活のルールなど文化の差異を感じるなかにいて，そこで苦しさを感じていたりします。そうしたとき，ことばがわからない，ことばがつたない自分を受け入れてくれる居場所が必要になります。それは在籍学級であったり，日本語の取り出し指導を受ける「日本語教室」であったり，そのほかにも自分に向き合ってくれる教職員や友人がいる場所になりますが，そうした場所があると安心感を得ることができます。そのような安心感を得られる場所があって初めて，学習に向かっていくことができます。

（2）ことばの力の獲得

　これは日本語と同時に母語についても考えなくてはなりません。まず，日本語習得の面では，友だちと日常的なコミュニケーションを図るための「生活言語」や授業中に学習活動に参加するための「学習言語」を身につけていかなくてはなりません。前者は，文脈に埋め込まれたことばなので，友だちと話したり，遊んだり，教師とかかわったりするなかで身につけていくことが可能です。他方，後者は，簡単に身につくものではなく，学習場面で必要となる表現や語彙を意識的に学習する必要があります。子どもたちは母語（あるいは第一言語）の力がまだ十分に発達していないなかで，日本語という新しいことばを学ばなくてはなりません。日本生まれ，日本育ちの外国につながる子どもであっても，家庭内での使用言語に日本語以外のことばが含まれていたりすると，日本人家庭で日本語のみで育つ子どもと同様の日本語能力を身につけてきているとは限りません。また，母語については，日本語習得が進むなかでふれる圧倒的な量の違いもあり，日本語が話せるようになればなるほど，母語を忘れていくという場合もあります。これは子どもが何歳で来日したかや家庭内での言語環境がどうであるかにも左右されます。日本語習得は学校生活を送るうえで大切なものですが，母語は家庭内でのコミュニケーションや外国にいる親戚とつながるための大切なことばであり，外国につながる子どもたちがアイデンティティを形成していくうえでも重要なものです。外国につながる子どもの母語も尊重されなくてはなりません。

第4部　多文化共生

（3）学力の向上

　（2）で述べたように，学習のための言語の力はそう簡単に獲得できません。
一見，流暢に会話をしている子どもであっても，学習場面になった途端，なか
なか発言ができなくなったりします。それは，情報を収集し，知識を獲得し，
それを用いて自分の考えを表現するといった学ぶための土台が日本語では十分
に身についていないことが一因です。たとえば，小学校高学年や中学生になっ
てから来日した子どもたち，つまりある程度母語で学習経験のある子どもたち
は，母語では知識があったり，しっかりと考えることができたり，意見の表明
ができたりするのですが，それを習得途上の日本語で表出するのは大変難しい
ことです。ある程度日本語の会話ができるがゆえに，学習場面でそれが発揮さ
れないと，「この子は勉強は不得意なんだ」，「単に意欲がないだけなんだ」と
勘違いされてしまうことがあります。決してそう言い切れることはありません。
習得途上の日本語であっても教科の内容を学び，教室での学習に参加し，学力
をつけていくことができるような支援が求められます。日本に長期滞在予定の
子どもたちや日本に住み続けることが当然となっている子どもたちにとって，
学力の向上は切実な課題です。これはとくに中学校以降の進路保障の問題につ
ながるからです。自分の希望する進路に進み，自分の未来を切り拓いていくた
めには，ことばの力と学力は必須のものとなります。

（4）アイデンティティ形成

　これは，自分づくりや自尊心の向上といったほうがわかりやすいかもしれま
せん。外国につながる子どもたちは，成長過程で日本人の子どもとの「違い」
が気になることがあります。そのため，自分のルーツにかかわる国や地域に自
信がもてなくなったり，親を否定的にとらえたりすることがあります。また，
身近に同じような背景をもつロールモデルがいないと日本人ではない自分が日
本社会でどのようにキャリアを築いていくことができるのか，将来展望が見え
づらくなったりもします。そうした課題を抱えることを念頭に，まずは外国に
つながる子どもたちのもつ多様な背景（言語，宗教，生活習慣などの文化，家族，
出身地など）が尊重され，そうした日本人との違いを含んでのかけがえのない「自
分」なんだということが実感できるようにする必要があります。多様な背景を

第12章　外国につながる子どもたち

含めて自分が他の子どもたちから認められる環境があると，自尊心も向上して
いきます。外国につながりをもつか否かにかかわらず，自分自身を大切にしな
がら自分づくりができるようにしていくことが重要なのです。

　以上の4つの課題にうまく対応できないと，日本の学校や社会に適応できず，
孤立感を高めたり，なんとか学校や社会に参加しようと努力しても，日本人と
比べた際の「異なり」が強調され，差別や偏見にさらされることにつながった
りもします〈ワーク12-2〉。

> 〈ワーク12-2〉
> 　〈ワーク12-1〉で思いついたことは4つの課題のそれぞれどれに当てはまるで
> しょうか。整理してみましょう。また，4つの課題のどれにも当てはまらないもの
> がある場合，日本社会や学校に存在するどのような「当たり前」と関係するでしょ
> うか。

4　日本人とは「異なる」ことによる息苦しさに向き合う

(1) 日本人という「フツー」

　これまで確認したように，日本には現在，多様な背景をもった人々が暮らし
ています。多様な背景をもつ人々が日本社会に多様性をもたらし，多文化化を
高めています。しかしながら，社会における多様性が高まる一方で，未だ日本
社会は多くの日本人が考える「フツー」から逸脱した異質な存在に対し，受容
的であるとはいえません。たとえば，外見が「フツー」の日本人とは異なるか
ら，日本語でのコミュニケーションがとれないから，日本語が「なまっている」
から，振る舞い方が違うから……等々，日本の学校や地域社会からの同調圧力
を感じ，孤立したり，表面上は孤立していなくても息苦しい思いをしている外
国につながる子どもたち，そして若者たちも存在します。そうした息苦しさを
生み出しているのは，日本社会であり，無意識のうちに「フツー」というもの
さしを内面化している私たちです。そして，外国につながる子どもたち自身に
そのプレッシャーを感じさせ，内面化させ，日本社会が求める「フツー」を押
しつけようとしているのかもしれません。

161

第4部　多文化共生

（2）私は外国人？　日本人？

　もう少し具体的に考えてみましょう。外国につながる子どもたちのなかでも，日本人と外国人の両方を親にもつ子どもたちは，日本と外国のどちらにもつながりをもっています。この章の最初でも説明をしましたが，大人になり国籍選択をするまでは，日本国籍と外国籍の二重国籍になります。では，国籍があれば，誰しもから「日本人」と認められるのでしょうか。日本国籍をもっていることを日本人である条件の1つと考えることはできます。しかし，どこで生まれ，成長したか，どの国でどの言語で教育を受けるかで，習得する言語や内面化する価値観などは異なってきます。それゆえ，「日本人」であっても，振る舞い方や考え方に違いが出てくるわけです。ただ，日本で生まれ育っている場合でも，家庭のなかでどの言語を使っているのか，外国人の親や親戚とのつながりがどの程度かという点でも，多かれ少なかれ違いは生まれます。こうした子どもたちは，学校や地域のなかで自分と他者を比べ，違いが気になったり，他者から「あなたは何人？」と疑問を突きつけられたりして，果たして自分は「外国人」なのか，「日本人」なのかという疑問を成長過程でもつことになります。

　さて，多様な背景をもつこうした子どもたちは，「外国人」であるか，「日本人」であるかを選択しなくてはならないのでしょうか。国籍という意味ではいずれ選択を迫られることになりますが，どちらか一方ではなく，その両方を大切に，どちらでもあること，そしてなによりも「わたしという自分」であることが認められても良いのではないでしょうか。

（3）日本社会で生きる「わたし」をつくり上げる

　「外国人」，「日本人」といった単純な区分ではなく，その両方の良さを兼ね備えた自分でありたいと願うとき，成長過程にあるが故にさまざまな葛藤に遭遇します。外国人の親とコミュニケーションする際に，母語を少しずつ忘れていることに気づき，感じる焦り。親のルーツを冷やかされて感じる居心地の悪さやそれを感じることに対する親への後ろめたさ。そうした感情に自分自身が向き合い，日本社会のなかで外国にも日本にもつながる自分が両者の懸け橋になりたいと考えるようになる子どもたちも少なくありません。そこには，さま

162

第12章　外国につながる子どもたち

ざまな息苦しさを抱えながらも，親や友人など周囲との関係性に助けられ，自分のなかで折り合いをつけ，日本社会で生きる「わたし」をつくり上げているのだと考えられます。

　ここで1つ新聞記事を紹介しましょう。朝日新聞朝刊「おやじのせなか　筋の通った『専業主夫』秋元才加さん」（2014年7月10日）です。秋元さんはこの記事のなかで，母親がフィリピン出身であり，小学校では時折「フィリピン」「ハーフ」とはやし立てられたことを述べています。それを父親に話したところ，父親が怒りだしたそうです。そして，いじめっこに対して父親がとった対応を「今思えば，いじけた人生を私が歩まないよう，父なりに懸命だったのだろうと思います」と振り返っています。

　ここにみなさんは何を感じ取るでしょうか。

　自分の子どもに対する父親の愛情を感じる人もいるでしょう。「いじけた人生」と彼女は表現していますが，「フィリピンルーツ」であることを恥ずかしく思い，「フツー」の日本人とは異なることで卑屈に生きていく，そんな生き方をしてほしくないという父親の思いを成長した彼女は感じ取っているのでしょう。彼女自身，自分のルーツに思い悩んだこと，2014年からフィリピン観光親善大使を務め，「偏見からいじめを受けた過去を乗り越え，『両国の懸け橋』になろうと活動を続けてきた」ことなども新聞で述べています（朝日新聞夕刊2016年1月23日）。また，彼女は大相撲の高安関が大関に昇進した際にも，「日本とフィリピンの2つの文化にルーツがある人が活躍すると，両国の架け橋にもなっていくと思うんです」と語っています（朝日新聞朝刊2017年5月29日「活躍する姿　日比の懸け橋に」）。こうした彼女の言動からうかがい知れるのは，日本人とは異なる存在としてみなされるフィリピンルーツの子どもたちに対し，頑張っているロールモデルを示したいという気持ちではないでしょうか。彼女の姿は，フィリピンルーツであるか否かにかかわらず，「日本人」であることを「フツー」とするところからは外れている外国につながる子どもたちにも，1つのロールモデルを示しているといえるでしょう。

　外国につながる子どもたちが自分のルーツにつながる言語や習慣，価値観などを否定せずに向き合い，生きていくためには，日本の学校や社会がかれらにどのように向き合い，どのように受け入れるか，という点が大きく関係します。

163

第4部　多文化共生

日本の学校は日本人を前提とした教育をこれまで行ってきましたが，外国につながる子どもたちの増加は私たちに学校教育のあり方そのものを問いなおすことも迫っています。いつまでも，従来からの日本人だけを「フツー」の基準としていては，学校現場に存在する多様性に対応することはできません。

　外国につながる子どもたちがもつ日本語とは異なる言語背景や日本語能力の相異，習慣や価値観の異なりから生じる振る舞い方の違いなどを理由に，日本の学校で学び，日本社会で暮らすかれらが居心地の悪い思いをしたり，かれらの居場所が奪われたり，日本人とは異なるというラベルが押しつけられたりしても構わないのでしょうか。決してそうではないはずです。かれらが日本人と異なることを理由に，いじめられている，あるいは偏見をもたれているといった形で孤立や排除を感じることを少なくしていくには，私たちがかれらのもつ言語や習慣，価値観といった文化を理解し，そのうえでかれらと同じ学校で，地域で，社会で向き合っていく必要があるでしょう。そのためには，差別や偏見のまなざしを外国につながる子どもたちにむけるのではなく，かれらがどのような経緯で日本社会に暮らし，どのような文化的背景にあるのかということに関心をもつことが，かれらを理解する一歩となるでしょう。

📖 **読書案内**

① 齋藤ひろみ・佐藤郡衛編，2009，『文化間移動をする子どもたちの学び―教育コミュニティの創造に向けて』ひつじ書房.

② 佐藤郡衛，2003，『改訂新版 国際化と教育―異文化間教育学の視点から』放送大学教育振興会.

③ 文部科学省「外国人児童生徒受入れの手引き」 http://www.mext.go.jp/a_menu/shotou/clarinet/002/1304668.htm

【伊藤亜希子】

第13章 異文化の理解

　第12章では，日本のなかの多文化を理解するうえで，外国につながる子どもたちの存在から，かれらが日本で学び，生きていくなかでの課題や生きづらさについて取り上げました。この章では，そうした生きづらさが生まれる原因についてもう少し詳しく考え，私たちが外国につながる人々の存在やかれらの思いをどのように理解していくことができるのか，考えていきます。まず，外国につながる人々が子どもや青年，親の立場からどのような息苦しさや違和感を抱えているのか，ふれてみましょう。そして，そうした息苦しさや違和感を抱かせるものとして存在する「文化」についてとらえていきます。外国につながる人々にとっても，日本人にとっても，互いの文化は「異文化」です。それはさまざまなところに可視的，不可視的にあらわれます。これを読み解くための「異文化間リテラシー」を紹介します。そして，「異文化を理解する」ことの重要性を考えていきます。

1　外国につながる人々の思いにふれる

（1）学校や社会のなかで抱える思い

　みなさん，まずは次のエピソードを読んでみましょう。

> ［エピソード①：フィリピン系の男子中学生Ａくん］
> 　Ａくんはフィリピン人の母親に呼び寄せられて，日本にやってきて，中学校に編入しました。頑張って日本語を勉強していますが，まわりに同じように外国につながる友達やフィリピン人の友達はいません。ある日，日本語指導の先生にこんなことを言いました。
> 　「先生，先生たちは自分の国に自信をもてって言うでしょ。けど，もてないよ。だって，日本人が考えるフィリピンは『ごみの山』でしょ。」

165

第4部　多文化共生

[エピソード②：フィリピン人の母親Bさん]

　4人の息子をもつフィリピン人の母親Bさんは，息子の一人（Cくん）が小学生のときにフィリピン・ルーツであることを気にしていた時期があると話してくれました。あるとき，学校へのお迎えのことでCくんはBさんに，次のように言いました。

　「ママ，学校の門まで迎えに来ないで。角のところで待ってて。」

　それに対して，BさんはCくんに話をしました。

　「Cくんにとって，ママは恥ずかしいの？　ママはフィリピン人だってこと，恥ずかしいと思ったことなんて一度もないよ。ママはあなたのこと大好きだし，フィリピンのことをそんなふうに思ってほしくない。だから，ママはあなたのことを校門まで迎えに行くよ。」

[エピソード③：中国帰国者3世の男性Dさん]

　Dさんは幼いときに中国帰国者である家族とともに日本に来ました。日本語の勉強も頑張り，中学校では学校の勉強も頑張って受験を乗り越え，高校，そして大学と進学し，日本の企業に採用されて社会人になりました。大学生の頃から付き合っている日本人の彼女もいます。自分と同じように日本人と付き合っていた中国帰国者が，双方の親に結婚を反対され，結局は破局してしまった話を耳にしていたので，彼は結婚のことで相手に1つ希望することがありました。

　「自分の彼女には，やっぱり親のこともあるから，中国のことが好きだったり，中国語がわかる人がいいなって思う。自分は日本語が話せるし，そしたら両方の家族がコミュニケーションできるから。」

　エピソード①～③を読んでみて，みなさんはどのように思いましたか。これらのエピソードは，私が外国につながる人々や教師と交流するなかで耳にしてきたことです。

　エピソード①では，日本人のもつフィリピンに対するステレオタイプが，フィリピン人生徒Aくんが自分に自信をもつことのできない一要因となっていることがわかります。

　また，エピソード②では，「フツー」の日本人とは異なることが気になりはじめたCくんが，その異なりを「隠したい」と思った様子がうかがい知れます。それに対し，母親のBさんはそれを受け止めたうえで，Cくんが「フツー」の日本人との違いを「恥ずかしいもの」と感じる必要はないんだということを発しています。Cくんが感じた思いは，ある種の同質性を求める日本社会のあり方が影響しているということもできるでしょう。日本で生まれ，育っているC

166

くんは日本社会のなかで支配的な価値観等を学校のなかで学んでいくことになるわけですが，Bさんは日本の良さは当然のことながら，自分のルーツのある国について否定的にとらえてほしくないと考えています。彼女は，「自分ができることは，親がCくんを大事に思っているよとつねに伝えることだから」と私に話してくれたことがあります。そこには，日本社会で子育てをするなかで，異なりに悩みながらもそれを乗り越えていこうとする姿があります。

　エピソード③はどうでしょうか。中国帰国者3世であるDさんは，外見も日本人と変わりませんし，彼の学習に対する努力はもちろんのことですが，子どもの頃から日本の学校で日本人と同様に学んできているため，日本語の力も日本人と変わりません。Dさんも子どもの頃は学校生活を送るなかで，色々と悩むことがありましたが，それでもしっかりと力をつけて，立派に企業に採用されて日本社会の一員として働いています。しかしながら，そのような彼であっても，自分と同じ「中国帰国者」，実際には「中国人」に対して日本人が向けるまなざしがあることを感じています。そのなかで，彼は中国にルーツがあること，そして自分がもつ「日本人」としての側面の双方を大切にしたいと考えています。そのうえで彼が交際相手に求めているのは，どちらかを否定的にみて，どちらかだけを尊重するのではなく，自分と相手がともに家族レベルでお互いにコミュニケーションをとれること，ことばの違いや文化の違いがありながらも，家族のレベルで理解し合えることです。

（2）メディアによって拾い上げられ，発信される声

　私は，外国につながる人々やかれらにかかわる教師やボランティアの支援者などとの交流のなかで，外国につながる人々の思いにふれてきました。みなさんのなかには，こうした直接的な交流がなければ，かれらの思いにふれたり，理解したりできないのではないか，と疑問に思う人もいるかもしれません。しかし，そうした直接的な交流だけでなく，最近，日本で暮らす外国につながる人々の思いがあらわれているテレビ番組や新聞記事，書籍などを多く目にするようになったと思います（📖 **読書案内**で紹介します）。

　1つ例を挙げてみましょう。「ウワサの保護者会　外国人ホゴシャーズの本音」（NHK Eテレ，2015年11月26日放送）という，外国人保護者の苦労について

第4部　多文化共生

取り上げた興味深い番組が2015年に放送されました。この番組では，日本で子育てをする外国人保護者と日本人保護者が一緒になって，日本と出身国の学校文化の違いを話していました。そのなかで，先ほどのエピソード②にあるように，日本人とは「異なる」ことによる息苦しさを感じる子どもに直面した親の苦しさが語られました。日系ブラジル人の母親と娘の話でしたが，日本の学校で学んだ娘が小学校高学年くらいのときから，母国ブラジルに対するマイナス感情が増していき，それを母親にぶつけていたそうです。「日本人になりたい」と思うあまりにブラジルに対し否定的になっている娘の姿に，母親はショックを受け，心配をしていました。しかし，母親は娘に対し，「何をしてもあなたはブラジル人だよ。日本人には絶対なれないから，頑張ろう」といつも話していたそうです。母親はブラジルに対し否定的になっている娘を変えるには，彼女の周りの人々にブラジルのことを知ってもらう，好きになってもらうことがいいだろうと考え，機会をとらえて学校や地域の行事に参加し，ブラジル理解のために活動をしたそうです。それが周りの理解や娘の自尊感情にも変化をもたらした様子が番組では語られていました。番組に出演していた保護者たちもこのエピソードには親として共感している様子がうかがえました。

　外国人保護者は自らもですが，自分の子どもたちが日本人と「異なる」ということで差別をされたり，偏見にさらされたりすることへの不安を抱えているのです。日本人という「フツー」というものさしだけでなく，多様な価値観やあり方が認められれば，こうした不安は減らしていくことができるのではないでしょうか。

　ここでは紙面の都合上，外国につながる人々が抱える思いをこれ以上挙げることができませんが，日本社会に対し，さまざまな思いや意見をもって暮らしている人々は大勢います。ここで挙げた例からは，かれらが抱える生きづらさが，日本人と「異なる」ということで線引きされることによって生じているといえるでしょう。では，この「異なる」という線引きはどのように私たちのなかに生まれ，そのことを私たちはどのように受け止め，相手のことを理解していけば良いのでしょうか。

　まず，次のワークに取り組んでみましょう〈ワーク13-1〉。

第13章　異文化の理解

〈ワーク13-1〉

　みなさんも，留学生や外国人就労者（コンビニやエスニック・レストランの店員など）といった地域に暮らす外国人や訪日する外国人観光客を目にすると思います。かれらを目にしたり，接したりした経験から，自分と外国人はどのような点で「違うな」と感じますか。

　みなさん，どのくらい挙げられたでしょうか。そして，今みなさんが挙げたことは，「外国人だから違う」ものなのでしょうか。考えていきましょう。

2　私たちの基準をつくるものとしての文化

　私たちが他の人との「異なり」を感じるとき，それは何に起因していると思いますか。おそらく，「日本人と外国人では文化が違うから」という回答をするのではないでしょうか。では，「文化」といったとき，みなさんは自分のもっている文化についてどのくらい説明できるでしょうか。

　ここでは一般に引用されるタイラー（E. Tayor）による定義を『現代国際理解教育事典』（日本国際理解教育学会編，明石書店，2012年）から提示します。文化とは，「知識，信仰，芸術，道徳，法律，慣行，その他，人が社会の成員として獲得した能力や習慣を含むところの複合された総体」（28頁）といわれています。ここに挙げられているものを，私たちは生活していくなかで，家庭や学校，地域で親や教師といった大人や友人を通して内面化していくのです。もう少し説明をすると，その社会で当然とされる社会のあり方（たとえば家族のあり方）やそこで話される言語と表現方法，その社会に根付く信仰や価値，態度といったものを身につけていきます。つまり，文化に基づいた価値規範を身につけていくのです。こうして身につけた価値規範は，私たちにとって日常的な常識となり，意識することが少なくなっていきます。

　図13-1をみてみましょう。私たちは，異なる文化をもつ人々と出会ったときに，見える部分の文化の違いにはすぐに気がつきますし，比較的容易に理解することができるでしょう。しかしながら，ものを見たり，考えたり，判断したりといった日常生活の多くの行為は，見えない部分の価値規範を基準としてい

169

第4部　多文化共生

図13-1　文化の島

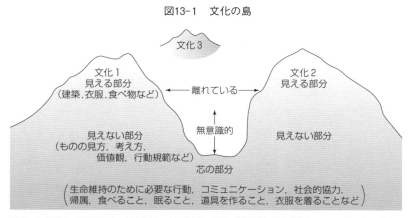

出所：八代京子・町惠理子・小池浩子・吉田友子，2009，『改訂版 異文化トレーニング―ボーダレス社会を生きる』三修社，19頁。

るもので，これをすぐに理解するのは難しいことです。そして，こうした異なる価値規範を基準とする人と出会うとき，私たちはその価値規範が自分の内面化したものとは異なるために違和感を抱きます。そして，普段は強く意識することのない常識となっていた自身の価値規範を意識することになるのです。

　ここで留意しておきたいのは，このように提示されてしまうと文化は固定的で，不変のもののように思えてしまうかもしれませんが，決してそうではありません。私たちは，自分たちが属する集団，つまり国であったり，ある民族であったり，社会集団であったり，そうした集団の固有のものとして文化をとらえがちです。しかし，今日のグローバル化にともなう人の移動や社会変化によって，そうした集団の枠組み自体も変化を余儀なくされています。そのため，文化も固定的なものであり続けることはできないのです。文化も変容しうるのだととらえたとき，自分の属する集団の文化を自明のものととらえたり，相手の属する集団の文化を固定的にとらえ，それをすべての人に該当するものとして用いたりすることはできません。想像してみてください。日本人だからといって，日本中のすべての人が同じ価値規範に基づいて行動しているとは限りません。出身地域が違うだけでも，価値規範には違いがあらわれたりします。その人の育ってきた環境やどのような人々との交流を経てきたかでも，価値規範は

第13章　異文化の理解

異なってくるのです。このように同じ集団内でも価値規範の違いや重視する点が違うところなどが存在するわけです。ところが，私たちは外国につながる人々と直面した際に，日本人と外国人というようにわかりやすく線引きをし，「日本人の私たちとは違う価値規範」というものさしで，相手をとらえてはいないでしょうか。

さて，こうした留意点はありながらも，その文化の特徴を知ったり，どのような点で自分のもつ価値規範とは異なるのか，という点を分析的に理解することは，外国につながる人々について理解を深める一助になります。次に，そのために必要な力についてみていきましょう。

3　異文化間リテラシーとは

外国につながる人々のことを理解し，かれらとともに生きる社会を構築していくために必要な力として，異文化間リテラシーというものに注目してみましょう。異文化間リテラシーについて，山岸みどり（1997）は4つの点から次のように述べています（「異文化間リテラシーと異文化間能力」異文化間教育学会紀要編集委員会編『異文化間教育』11号，37-51頁）。

1つ目は，多文化社会のあり方についての知識です。グローバル化にともない，人やもの，情報などが流入する勢いは増しています。その影響を受け，日本社会も変化をしていますが，日本社会がどのような経緯で多文化化しているのか，歴史的，社会的に理解する必要があります。たとえば，なぜ在日コリアンが日本で暮らしているのか，なぜ日系人労働者が増えたのか，国際結婚が増加した背景には日本社会のどのような問題がかかわっているのか，留学生や技能実習生が増えているのにはどのような政策が関係しているのかといったことなどです。みなさんはひょっとしたら，かれらが個人的理由のみで日本に来て，暮らしていると考えているかもしれませんが，必ずしもそうではありません。その背景には，日本と相手国の関係性があったり，日本社会の状況から政策的に呼び込もうとしたりといったことがあります。そうした背景について知ることで，外国につながる人々の存在と日本社会の多文化化の経緯をより深く理解することができます。

171

第4部　多文化共生

2つ目は，多元的視点です。2で文化について述べましたが，私たちは集団のなかで文化を身につける，つまりその集団が共有する価値規範を内面化していくと説明しました。そして，普段は意識しないけれども，自分とは異なる価値規範を内面化した人と出会ったときにそれを意識するとも述べました。これは多元的視点を獲得することにもかかわってくるものです。つまり，自分とは異なる他者の視点と出会うことによって，自分自身の視点により自覚的になるのです。日本社会のなかで圧倒的多数である日本人がつくり上げてきた価値規範は，その社会においては支配的なものです。他者と出会うこと，そうした支配的な価値規範に気づき，それを問いなおし，視点を転換させていくことが求められます。難しく感じるかもしれませんが，多元的視点をもつということは，他者と出会うことで自分のものさしとは違うものさしがあることに気づき，自分のものさしが絶対のものではなく，他者のものさしもまたありうるものだと理解することです。そして，自分のものさしからではなく，他者のものさしから，日本社会を見直してみると，私たちのなかの「フツー」を問いなおすことにつながっていくのです。

3つ目は，異文化対処能力です。他文化への興味関心をもつと同時に，自身の文化についても関心をもつことは大切なことです。自分とは異なる文化と出会うときには，時としてストレスをともなうこともあります。想像しやすいところでは，ことばの違いやそれによるコミュニケーション不全，考え方の違いなどによって，人はストレスを感じることがあるということです。そうしたなかでも，異なりに対して，自分の思考を柔軟に調整し，対応ができる自己調整能力が重要となります。そうすることで，自分とは異なる価値規範を内面化した多様な人々と協調的に活動（学びや仕事，ボランティアなど）に取り組んだり，良い関係性を築いたりすることができるようになります。

4つ目は，文化や言語が異なる人との対人スキルです。ことばが違う，考え方が違う，つまり「文化が違う」ということで，自分と他者の間に線引きをし，他者のもつ異なりをことさらに強調しては，相手のことは理解できません。こうした線引きと異なりの強調によって，外国につながる人々は日本社会で差別されたり，排除されたりといった生きづらさを抱くのです。境界線を引くのではなく，互いの異なりを認識したうえで，建設的なコミュニケーションを図る

ことができる対人スキルを高めていくことは，ますます多文化化が進む日本社会においても重要になってくるでしょう〈ワーク13-2〉。

〈ワーク13-2〉
① 〈ワーク13-1〉で自分が想定した外国人について，どのような経緯で日本に暮らしているのか考えてみましょう。
② 〈ワーク13-1〉で自分が挙げた違いは，自分のなかにあるどのようなものさしから出てきたものでしょうか。

---

4 かれらの思いに向き合うことから考える異文化理解

「異文化を理解する」といったときに，文字通り，「異なる文化」を構成するもの（先に述べた文化の定義にあるような，知識，信仰，芸術，道徳，法律，慣行など）を細かに理解することだと考えるかもしれません。もちろん，知識として異なる文化を頭から理解していくこともできるでしょう。ただ，みなさんのなかには，そうした異文化理解は「ハードルが高い」，難しいと感じる人もいるかもしれません。私としては，そうした頭からの異文化理解に進む前に，まずは外国につながる人々の思いにふれてみるところからはじめてはどうかと思います。本書は差別・抑圧をテーマとしていますが，外国につながる人々の思いからも，日本社会における差別・抑圧を考えていくことができます。つまり，かれらがフツーの「日本人」とは異なることから抱える生きづらさ，息苦しさを理解し，それを生み出している日本社会の，あるいは日本文化の価値規範を問いなおすということです。差別・抑圧を考えるという点においては，こうした理解や問いなおしは重要ですが，私としては次の点もみなさんには理解してほしいと思います。それは，かれらは決して「差別される」だけの存在ではないということです。差別・抑圧といった状況がありながらも，外国につながる人々は「差別される存在」として自分自身をとらえるのではなく，自身のルーツを肯定的，積極的に意味づけ，日本社会の一員としてともに生きようとするかれらの姿も理解してほしいと思います。

外国につながる人々の思いにふれるということから異文化理解を考える際

第4部　多文化共生

に，そして本書のテーマとなる差別・抑圧の問題を考える際に，好井裕明（2015）『差別の現在─ヘイトスピーチのある日常から考える』（平凡社）は示唆に富む指摘をしています。彼は差別の問題に取り組むためには，「他者を理解すること」，「他の人々が生きている現実を理解すること」が重要であると述べています。他者が生きている現実とは，私たちが生きている現実でもあります。そのように考えると，外国につながる人々は私たちと関係ないのではなく，私たちの生きる社会にいるという現実なのです。その現実のなかで外国につながる人々のことをどのように理解し，その存在を位置づけることができるでしょうか。ここで，先ほどの異文化間リテラシーが大きな助けとなってくるのです。私たちの生きる社会が多文化化しているという現実を把握するには，多文化社会のあり方に関する知識が必要になります。そうした知識をもって現実を把握していくと，外国につながる人々を私たちとは異なる「他者」ととらえることがいかに単純化されているかということに気づくのではないでしょうか。また，多元的視点からものごとをとらえることを意識することで，自分のなかの「当たり前」，「フツー」といった価値観がどのようなものであるかに気づくことができるでしょう。そうして，外国につながる人々の思いにふれながら，私たちは異文化を理解する，すなわち「他者を理解する」ことを試み，同時にその難しさにも直面します。「他者を理解すること」と「他者を理解することの難しさ」を往還することで，私たちは異文化理解，他者理解という感覚を研ぎ澄ましていくことができるのではないでしょうか。

　外国につながる人々の思いにふれるところから異文化を理解することをはじめると私は提案していますが，もちろんその難しさもあります。しかし，同じ社会に生きる現実を考えると，難しいからといって，異文化を理解する（他者を理解する）といったことは避けては通れません。好井はそれについても的確に指摘しています。

　　他者が生きてきた歴史や今生きているなかで感じているさまざまな"生きづらさ"を理解し，その内容を断定することは，とても難しい。しかし，私たちが，多様な差異を生きる他者たちとともに，生きようと考える時，「他者を理解しようとすること」は，回避することのできない営みなのである。（118-119頁）

第13章　異文化の理解

　外国につながる人々の抱える思いを本当の意味において理解することは，た
しかに難しいでしょう。さまざまな場面でかかわり，交流をしてきた私も，か
れらの抱える思いや問題をたやすく「わかった」ということはありませんし，
そうした安易な理解はしたくないと思っています。しかしながら，かかわり，
交流を重ねることで理解し，受け入れられる幅を増やしていくことは可能だと
考えます。また，自分の内面化した価値観と異なるものに直面した際に，私た
ちは違和感をもったり，葛藤したりすることがありますが，そうした違和感や
葛藤を理由に相手を理解する試みをやめてしまうのではなく，それらを抱きつ
つも相手に向き合い続けることが，異文化理解には重要ではないでしょうか。
そうすることで，同じ社会でともに生きる外国につながる人々の現実や課題，
つまり私たちの社会のそれらを理解し，取り組むことにつながっていくのでは
ないでしょうか。

📖 **読書案内**

① 朝日新聞朝刊
　　（いま子どもたちは）「13の国，机並べて　1〜8」（2017年2月9〜19日）
　　（いま子どもたちは）「親子で日本に　1〜4」（2016年2月18〜21日）
　　（いま子どもたちは）「Minamiで生きる　1〜12」（2015年12月10〜27日）
② 川上郁雄編，2010，『私も「移動する子ども」だった―異なる言語の間で育った子どもた
　　ちのライフストーリー』くろしお出版．
③ 財団法人アジア・太平洋人権情報センター編，2011，『外国にルーツをもつ子どもたち―
　　思い・制度・展望』現代人文社．

【伊藤亜希子】

終　章　差別・抑圧を乗り越えるために

　第1章から第13章を通して，みなさんは自分にとって身近な「青年」の抱える問題から出発し，差別・抑圧を感じているさまざまな「他者」に出会ってきました。この章では，それらを思い出しながら，差別・抑圧のある社会を乗り越える可能性はどのようなところにあるのか，考えていきましょう。

1　差別・抑圧に向き合う

　みなさんは，本書を読み進める前に，社会から排除される青年や学びから排除される人，貧困により希望をもてない人，ハンセン病といった病によって排除されてきた人，社会によって決められた「男」「女」の括りによって苦しんできた人，日本社会で暮らしていても「外国人」と括られ，差別に直面する人などの存在を，日常でどれくらい意識したことがあったでしょうか。大学で学ぶ自分とは違う，関係のない「他者」として，気にもとめていなかったかもしれません。しかし，こうした人々と自分との間に共通することもあります。それは，私たちが同じ社会を生きている，という点です。私たちも生きるこの社会のなかで，差別・抑圧を感じる他者がいるわけです。かれらはなぜ差別・抑圧を感じるのでしょうか。その理由は，果たしてそう感じる個人にあるのでしょうか。それとも，私たちの生きる社会にあるのでしょうか。ここではその理由を社会に求め，本書で扱った，青年，病・貧困・高齢，性の多様性，「外国人」のそれぞれが直面する現実について考えてみましょう。

（1）他者が向き合う現実

　青年の社会的排除について，日本社会においては青年が「大人になる」とは経済的自立を果たし，自分の家族をもつことであるとされてきました。しかし，安定的な正規雇用に就くことが困難な現在では，それが経済的自立を難しくし，

そして経済力の不安から家族をもつことも難しくなっています。これは決して青年が正規雇用に就く努力をしていないからではなく，日本の経済状況や社会状況が変化し，それに左右されているのです。そうした変化があるにもかかわらず，社会が規定する「大人になる」ことは依然として経済的自立と家族形成ととらえられているのです。その規定通りの大人になれない青年は，大人として認められず社会的弱者の立場に置かれてしまいます。

　病・貧困・高齢についてはどうでしょうか。病についてはハンセン病を取り上げましたが，感染力が弱い病気にもかかわらず社会的忌避の対象として扱われ，日本では隔離政策がとられてきました。それは社会的な差別構造を政策的につくり出してきたことを意味します。ハンセン病に対する差別問題は，歴史的・社会的につくられてきたものです。ハンセン病患者の高齢化やハンセン病問題の見え方が変わってきたことにより，現在ではみえづらくなっていますが，だからといってこの問題を見過ごしていいのでしょうか。歴史的・社会的につくられた差別構造は，私たちが他者に対してもつ「基準」に影響を与えています。近年，大きく取り上げられるようになった貧困問題は，経済的な貧困が人々からさまざまな可能性や希望を奪い取っています。学校で学ぶこと，正規雇用で安定的に働くこと，夢や希望をもって人生を歩むこと，誰もがそれを当然のように思います。そして，社会は私たちにそれを当然のものとして求めます。しかし，そこには貧困によって当然のものから排除されているという社会の現実もあります。高齢については，私たちがもっている高齢者イメージが，高齢者に対する意識や高齢者自身の意識をつくり上げているという話がありました。高齢になる，年を重ねるということについて，肯定的イメージ，否定的イメージの両方がありますが，ステレオタイプ的な高齢者イメージはその社会のなかでつくられた社会的規範や社会通念につながります。そうした規範にしたがって高齢者をとらえ，年齢によって差別し，かれらの可能性を制限していることもありうるわけです。

　こうした社会的規範や社会通念は，性の多様性にも関係します。「男」と「女」という二分法もやはり社会がつくり出したものです。それにより，「男はこうあるべき」，「女はこうあるべき」，「家族は男性と女性が結婚してつくられるべきもの」などといった規範が生まれます。さらにこうした規範を私たちは内面

終章　差別・抑圧を乗り越えるために

化し，これに当てはまらないものに対して偏見をもったり，差別したりしています。また，こうした規範が自明のものとして存在することで，それに当てはまらない自分はおかしいのではないだろうかと考え，ありのままの自分を受け入れられず，自分で自分を差別することにもつながってしまいます。最近になり，多様な性のあり方を認めようとする動きがみられるようになりました。LGBTであることをカミングアウトして，社会に働きかけようとする人々もいます。それに理解を示し，ともに行動する人々も増えつつありますが，やはり社会の側が未だに男女の二分法にとらわれ，追いついていない面もあります。

「外国人」は，国籍や言語，習慣，宗教などの文化が日本人とは異なるという点から，その違いが理由で日本社会で差別されると多くの人は理解するでしょう。しかしながら，「外国人」といってもその内実は多様です。国籍は外国籍だけれども，日本でしか暮らしたことがなく，話すことばは日本語という人もいれば，国際結婚家庭の子どもで日本国籍ももち，日本語を話すけれど，外見が「日本人ぽくない」人もいます。自分自身が外国から日本にやってきて「外国人」として暮らしている人もいれば，自分は日本生まれ日本育ちだけれど，親や祖父母が外国出身であるため，「外国につながる」自分のルーツを大切にして暮らしている人もいます。他にも多様な背景をもった人々がいますが，こうした人々は日本人が思う「日本人」という基準から外れていることで差別を受けたりします。長く日本社会に根付き，仕事をし，税金を払い，社会参加を果たしているにもかかわらず，ルーツが違うことを理由にその人の尊厳を奪うようなヘイト・スピーチやヘイトデモがみられるようになりました。これはあからさまな外国人差別ですが，表現の自由との兼ね合いから規制の難しさがいわれています。しかしながら，表現の自由を理由に，人の尊厳が奪われるような社会であって良いのでしょうか。同様に，外国につながる人々が抱く，多様な人がいることを認めてほしいという願いが否定される社会であって良いのでしょうか。

(2) 他者が生きる現実を理解することの意味

このように他者が生きている現実をみていくと，共通点を見いだすことができます。それは，社会がつくり上げている社会規範や社会通念が内面化され，

人々のなかにつくられる「フツー」というものさしによって，差別・抑圧を感じる他者が生まれているということです。私たちはそのものさしを無自覚に，無意識に受容し，自分自身もまたとらわれていないでしょうか。つまり，そのものさしで他者をまなざすと同時に，そのものさしを自分自身にも当てはめ，「○○になること／○○であること」の難しさや息苦しさに私たちもまた直面しているのです。

　他者が差別・抑圧を感じるという社会の現実は，そこで生きる私たちにとってもリアルな社会の現実です。そうした社会の現実を知ることは，さきほど述べた社会によってつくり出され，無自覚に，無意識に私たちが受容している「フツー」というものさしの存在に気づき，自覚的になることになります。これに自覚的になることで，「フツー」というものさしによってさまざまに生まれる，差別・抑圧の具体的な中身を知り，それを生み出している社会が私たちが生きている社会であることを理解していきます。

　ここでのポイントは，私たちのなかにつくられた「フツー」というものさしです。こうしたものさしに自覚的になるためにも，私たちが日常で出会う他者に，自分とは関係のない他者として無関心でいるのではなく，興味関心をもってみましょう。かれらの生きる現実に目を向けると，自分が認識していた社会をまた違う視点から認識することができます。つまり，私たちの生きる社会に対する認識が広がっていきます。ものさしが向けられる対象が違っても，その「フツー」というものさしが，社会のなかにあるどのような考え方に影響を受けてできあがっているのかに気づき，差別・抑圧を共通項に経験を共有していくなかで，他者とつながる可能性も生まれるのです。

　このように他者が生きる現実を理解することは，私たちの生きる現実社会に対する視野を広げ，差別・抑圧に向き合う基礎を養うことにつながっています。

2　差別・抑圧を乗り越えるために

　では，私たちはこうした差別・抑圧に向き合い，それを乗り越えるためにはどうすれば良いのでしょうか。社会規範や社会通念を生み出していくのは，「力」をもつマジョリティになります。何で区切るかによって，自分がマジョリティ

終章　差別・抑圧を乗り越えるために

になるのか，マイノリティになるのかは変わってきますが，そうした境界線を
引くことによって同じ社会に生きる私たちが集団に分けられるとき，集団間に
力関係の不平等が生まれてきます。この力関係のバランスを変えていったり，
境界線をずらしていくことが，差別・抑圧を乗り越えていくためには必要で
しょう。そのためには，①差別・抑圧の存在を認識する，②差別・抑圧を問題
化する，③差別・抑圧の問題の解消に向けた行動を積みかさねていく，といっ
た段階を経ていかなくてはなりません。

（1）差別・抑圧の存在を認識する段階

　本書を通して，みなさんは多様な他者と出会ってきました。そして，その他
者が感じる差別・抑圧の実際についても，その一端をつかむことができたので
はないでしょうか。自分とは関係のない他者ではなく，自分とも共通項のある
他者として出会い，かれらの生きる現実について多少なりとも意識的にとらえ
るようになっているでしょう。このように，まずは差別・抑圧を感じている他
者との出会いが，その存在を認識するためにも必要です。これがいかに重要な
ことかについては，1で述べた通りです。また，差別・抑圧の存在を認識でき
るようになることで，私たちは他者の経験した差別・抑圧の体験に寄り添う素
地を身につけていきます。つまり，差別・抑圧の存在を認識し，理解していく
なかで，それにかかわるさまざまな知識も同時に身につけていきます。そうし
た知識が身についていくことで，差別・抑圧について見えていること，語られ
ることだけではなく，見えていないことや語られていないことに対する意識も
高まります。

　たとえば，**第 6 章 3** (1)にあるハンセン病療養所入居者の「昔は大変で辛かっ
たけど今は幸せ」ということばから，みなさんは何を読み取るでしょうか。こ
のことばから，単純に「昔は大変だったけど，今が幸せならよかったよね」と
いうことにはならないでしょう。このことばが語られるにいたるまでの痛みや
苦しみがあり，そうした自分の経験を自分なりに整理することで発する「幸せ」
ということばには，もっと奥深いものがあります。そこには私たちの想像も及
ばないほどの苦しさが語られはしないものの，込められていたりもするでしょ
う。見えないものを見る，聞こえない声を聴くことは，私たちの認識をさらに

深めていくことになります。

（2）差別・抑圧を問題化する段階

　①差別・抑圧の存在を認識することは，**1**で述べた通り，人々のなかにある，そして自分自身のなかにもある「フツー」というものさしに気づくことです。このものさしは，社会規範や社会通念に影響を受けてつくられているのですが，差別・抑圧を問題化する段階では，このものさしの存在をしっかりととらえることが重要になります。差別・抑圧にかかわって，「フツー」というものさしがどのようにつくられ，それにどのような社会規範や社会通念が影響を与え，そしてそのものさしがどのような問題をつくり出しているのか，これを把握することが，差別・抑圧を問題化する一歩になるでしょう。

　たとえば，学びからの排除の問題を考えるとき，多くの人がもつ「フツー」のものさしは，「学齢期になったら学校に通い，読み書き計算を学ぶのが当たり前」という考えでしょう。であるので，現在の日本に読み書きのできない人がいるということも認識しづらいでしょうし，そうした人々が日常で経験する差別・抑圧や読み書きを学びたいという思いも理解しづらいでしょう。さらには，現在の学校は学齢期の間に通うものであり，学齢期にそこからドロップアウトした人が学びなおすことを想定していません。学びなおしの場として夜間中学が考えられますが，公立夜間中学は全都道府県にあるわけではなく，誰もが平等に受けられるはずの教育の機会（卒業資格を得る機会）が均等に提供されていないことが問題として浮上してきます。

　このように「フツー」というものさしを改めて考えてみると，「フツー」が強固であるとそれを社会の問題としてみえづらくしている部分に気がつきます。さらに，その「フツー」によって生み出されている差別・抑圧を認識したうえで考えると，「フツー」というものさしに影響を及ぼす社会構造のなかにその問題点を見いだすことになります。

（3）差別・抑圧の問題の解消に向けた行動を積み重ねていく段階

　「フツー」によって生み出されている差別・抑圧を認識し，それに影響を及ぼす社会構造に問題点を見いだすことができたら，私たちは次にどのような行

終章　差別・抑圧を乗り越えるために

動を起こし，積み重ねれば良いのでしょうか。この段階が一番難しいところだと思います。正直にいうならば，私自身も考えあぐねています。差別・抑圧に直面している他者の声を聴き，共感的に理解することは，行動を起こすうえでは重要な第一歩ですし，その問題について一緒に考えるということも重要です。そして，理解を広げるために声を上げることも大切でしょう。差別・抑圧に直面する当事者が孤立せず，当事者同士が連帯する機会をつくることも必要です。ただし，この当事者同士のつながりは，当事者でしかわからない苦しみを共有する場にとどまらず，非当事者である他者に対しても開かれた連帯でなくてはならないでしょう。差別・抑圧の経験や自身の置かれた環境の苦しさは，孤立感や他者への不信感をも生み出します。当事者ではない他者は，当事者とともに差別・抑圧を生み出す社会構造の問題点に取り組もうとするとき，当事者のもつ強烈な差別体験や孤立感，不信感を前に，思わずたじろいでしまうこともあるでしょう。しかしながら，当事者でない自分が，当事者の抱える差別・抑圧の問題に取り組もうとするとき，当事者の経験や感情の重さに押しつぶされるのではなく，そこに踏みとどまることも必要です。当事者だから自分の経験を基に行動を起こせること，当事者でないからこそ当事者を共感的に理解しつつ，客観的に差別・抑圧を生み出す問題点をとらえ，行動に繋げること，それぞれがあるのではないでしょうか。

　3つの段階について述べてみましたが，強調しておきたい点が1つあります。それは，差別・抑圧について考え続けるということです。本書で取り上げてきた差別・抑圧について，自分が当事者性をもつテーマもあれば，自分はそこには当てはまらないと思うものもあったでしょう。たとえば，本書を手にしている多くの読者にとっては，「青年」の問題は切実にとらえられるけれど，「外国人」の問題は当事者性をもっては理解できず，そうした問題性があるということは少なくとも認識できたということもあるでしょう。自分が当事者性をもたない差別・抑圧の問題についても知るということは，非常に大切なことです。しかし，知るということと本当に理解できているということは異なります。本書を通して，みなさんは「差別・抑圧の問題がわかった」と思うかもしれません。では，その当事者が自分の目の前にあらわれたとき，みなさんはどのような反応をするでしょうか。「あなたのこと，あなたの抱える課題，わたしは理

解していますよ」と発信するでしょうか。当たり前のことですが，私たちは他者を完全に理解することはできません。それをふまえるならば，「あなたのこと，理解できます」と言い切ってしまうのは，非常に独善的な振る舞いに思えてしまいます。差別・抑圧の問題やそれに直面する他者を理解しようとすればするほど，わかることと同時に，わからないことも増えていきます。そしてわからないことをわかろうとし，自分自身が本当に理解しているか問いなおします。差別・抑圧に直面する他者も，同じような問題を抱えつつも，そこには個の多様性があります。また社会状況の変化も影響します。そう考えると，単純にその問題を理解できたと言い切ることは難しく，自分自身が本当に理解できているとは限らないことを前提に，差別・抑圧について考え続けていくことが求められるのではないでしょうか。

3 「フツー」が生み出す「生きやすさ」と「生きにくさ」のなかで

　ここまで「フツー」というものさしによって，差別・抑圧を感じる人がいることやその問題性，そしてそれに取り組んでいくことについて述べてきました。つまり，「フツー」というものさしが生み出す「生きにくさ」に焦点を当ててきたわけですが，みなさんのなかには逆に「フツー」のなかに自分が当てはまっているからこそ，「生きやすさ」を感じている人もいるかもしれません。そうした人にとっては，たとえば，平均的な日本人大学生であり，異性愛でパートナーがいて，卒業後就職をし，数年の社会人経験を経て，パートナーと結婚し，家族を築き，子どもを育てるということが，疑いようのない「フツー」の考え方として存在しているでしょう。そして，その「フツー」に自分を当てはめていくことによって，生きやすさを得ている面もあるでしょう。そのこと自体は，否定されるものではありません。しかしながら，その「フツー」によって生きにくさを感じている人がいることは，しっかりと理解してほしいと思います。さらにいえば，自分のなかに無意識にある「フツー」というものさしだけを絶対的なものとして，それだけで他者を一面的に測ることがないようにしてほしいのです。これまで述べてきたことからも明らかなように，私たちのなかに無意識に，無自覚にある「フツー」が，他者にとっての生きにくさを生み出して

終章　差別・抑圧を乗り越えるために

いるという側面もあるわけです。

　社会がつくり出す「フツー」があるからこそ生きやすい人，「フツー」にとらわれたり，そのものさしで測られることによって生きづらさを感じる人，その両者が存在しています。本書全体を読んでみたものの，「そうは言っても，社会にある『フツー』は自分にとって悪いものではないし，問題を感じられない」という人もいるかもしれません。逆に，「自分が日常で感じる居心地の悪さは『フツー』というものさしに関係していたのか」と腑に落ちた人もいるかもしれません。その人は社会によってつくられる「フツー」とは異なるものさし，異なる〈フツー〉をもっているのかもしれません。ただ，どうしても社会によってつくり上げられた「フツー」をもっている人が多数派であることは否めません。「フツー」をもつ人が異なる〈フツー〉をもつ人について，いかに理解し，その他者とともに生きていくことができるのでしょうか。

　2で述べたことと内容はおおむね共通しますが，好井裕明の述べる「他者を理解する身体づくり」は大いに参考になります。好井は，「他者を理解する身体」をつくるイメージについて次のように述べています。

　　　「身体をつくる」と言うとき，それは観念的で理念的な次元，つまり頭のなかで理解したということではないだろう。そうではなく，日常場面で他者と向き合う時，それまで自分がとらわれていた常識を自覚し，その知識がもつ問題性を考えながら，目の前にある他者の人となりをどのように認め，自分がいかに適切にふるまえるかといった，私たちの日常的な意識や行為の変容が伴う現象として，私は考えている。（好井裕明，2015,『差別の現在―ヘイトスピーチのある日常から考える』平凡社，100頁）

　彼は「わかる」ということは，意識や行為の変容，つまり「変わる」ことであると述べています。「フツー」のものさしによって差別・抑圧を感じる他者と出会ったとき，私たちは「フツー」を当てはめて相手を理解しようとしてしまいます。しかし，そうではなく，「フツー」がもたらしている問題性を考えてみたり，極端な言い方をすれば，「フツー」を当てはめることをいったん留保して他者をいかに理解し，かかわりをもてるのか，という点を考える必要はあるでしょう。

　また，多数派の「フツー」と異なる〈フツー〉，私の「フツー」とあなたの〈フツー〉が出合うことで，多様な人が生きるこの社会の「生きづらさ」と「生き

にくさ」，そしてそれを生み出している社会の問題性を深く理解していくことができるのではないでしょうか。「フツー」が生み出す「生きやすさ」と「生きづらさ」のなかで，忘れてはならないのは，自分だけが生きやすい社会であればいいということではなく，同じ社会で自分とともに生きている他者が何らかの差別・抑圧を感じているならば，それを生み出す問題性を社会が抱えているということです。これに向き合い，考え続け，自分にできることから行動を積みかさねるということは，社会の一構成員として私たちに求められていることではないでしょうか。「フツー」によって同じ社会のなかで溝が生み出される社会は，「フツー」に当てはまっている人にとっても，それにとらわれて逃れられなくなっている人にとっても，実は生きにくい社会ではないでしょうか。差別・抑圧について認識し，問題化し，行動を積みかさねることは，そうした溝を埋めたり，あるいは溝をわたるための橋を架けたりすることで，自らが生きる社会を少しずつよりよい社会にしていくための一歩ではないでしょうか。

📖 読書案内

① 安田浩一，2017，『学校では教えてくれない差別と排除の話』皓星社.
② 好井裕明，2015，『差別の現在―ヘイトスピーチのある日常から考える』平凡社.
③ 好井裕明編，2016，『排除と差別の社会学　新版』有斐閣.

【伊藤亜希子】

おわりに

　本書を手に取り，一通り読んでみて，みなさんは自分たちが生きている社会
にある差別や抑圧の問題をどのようにとらえ，考えたでしょうか。

　「はじめに」で述べられているように，多様な人々が生きる社会に参画する，
つまり社会をつくる主体となるうえでは，権利（侵害）についての知識は必要
不可欠なものです。本書で扱う差別・抑圧の対象は非常に多様です。たとえば，
第1部の「青年」に関する差別・抑圧はみなさんにとっては自分ごとであり，
身近なものだったと思います。では，他の部はどうでしょうか。「自分とはか
け離れている対象だ」，「関係のない内容だ」と思ったでしょうか。それとも，
最初はそうは思いながらも，全体を通してよくよく考えてみると，「自分も決
して無関係ではいられないのではないか」と考えたでしょうか。「対象」とい
う意味では，読んでみてもやはり自分とは関係がないと思う人もいたかもしれ
ません。しかし，その対象が自分にとって身近な他者ではなくとも，本書で扱っ
た差別・抑圧はすべて私たちが暮らす社会で起きている問題です。

　自分たちが生きる社会で起きていることについて，私たちはみなさんに敏感
であってほしいと思います。では，その感受性を高めるにはどうすればいいの
でしょうか。それは，本書を通してみなさんが身につけたであろう権利（侵害）
に関する知識をもとに，幅広くアンテナを張っていくことが第一でしょう。そ
して，そのアンテナに引っかかるさまざまな情報にふれたとき，一体どのよう
なことが根拠として語られ，差別・抑圧の構造がつくられているのか，ぜひ考
えてみてください。差別・抑圧を生み出している基準（「フツー」）がなぜ保た
れているのか，なぜ揺るがないのか，揺らいで新しい〈フツー〉がつくられる
とすれば，どこにその可能性があるのか，など考えてみるポイントはたくさん
あると思います。

　「はじめに」でも述べたように，本書はあくまでも差別・抑圧を考えるため
の入門編に位置づくものです。上に挙げたようなポイントを考えるには，それ
にかかわる多くの書物にふれ，そこで差別・抑圧に取り組もうとする書き手の

187

考え方や立ち位置にふれてみてください。📖 **読書案内**で挙げられたものは，そのテーマに関し，より詳しい知識にふれたり，考え方にふれたりするきっかけを与えてくれるものです。ぜひ，その扉を開いてほしいと思います。

　なお，本書で挙げた差別・抑圧の問題が今日の社会に存在する問題のすべてであるとは私たちは考えていません。本書では十分に取り上げることができませんでしたが，歴史的な経緯から差別・抑圧が生まれ，今日においてもなお解消されていない同和問題や在日コリアンに対する差別・抑圧の問題も存在します。そのほかにも，多種多様な差別・抑圧の問題は実際に存在します。これらについて十分に扱うことができていないのは，編者の力量によるところです。本書を手に取ったみなさんが，幅広くアンテナを広げていくなかで，本書では扱うことのできなかった差別・抑圧についても考えていくことを期待したいと思います。

　専門や立場が異なる著者らが集まり，多面的・総合的に差別・抑圧をテーマとしたテキストを作成するというのは，かなり挑戦的な試みでもあったと思います。それにもかかわらず，法律文化社の上田哲平さんには本書の意義を理解していただき，出版に向けて背中を押していただきました。細やかに最後まで支えていただいたことに，心からお礼を申し上げます。

　繰り返しになりますが，本書はそれぞれの差別・抑圧を論じるうえで，書き手の知見や立場の違いがあらわれています。それに対し，読者のみなさんもそれぞれの立場から，「そうかな」，「こうではないのかな」と考えることもあったのではないでしょうか。みなさんが読んでみて感じた，考えた，忌憚のないご意見をいただければ嬉しいところですし，本書のそれぞれの章で語られる内容が，差別・抑圧の問題をみなさんがひもとくきっかけになったのであれば，著者一同たいへん嬉しく思います。

著者を代表して　　伊 藤 亜 希 子

執筆者紹介
（執筆順，＊は編者）

＊植上　一希　福岡大学人文学部准教授　　　　　　　　　　　はじめに・序章・第1章

添田　祥史　福岡大学人文学部准教授　　　　　　　　　　　　　　　　　第2章

山川荘一朗　福岡大学大学院人文科学研究科博士課程前期　　　　　　　第3章

白谷美紗樹　福岡大学大学院人文科学研究科博士課程前期　　　第4章・コラム④

ゴツィック，マーレン（Godzik, Maren）　福岡大学人文学部准教授　　　第5章

本多　康生　福岡大学人文学部准教授　　　　　　　　　　　　　　　　　第6章

藤田由美子　福岡大学人文学部教授　　　　　　　　　　　　　第7章・第8章

星乃　治彦　福岡大学人文学部教授　　　　　　　　　　　　　　　　　　第9章

桧垣　伸次　福岡大学法学部准教授　　　　　　　　　　　　　第10章・第11章

＊伊藤亜希子　福岡大学人文学部准教授　　　第12章・第13章・終章・おわりに

横山　真　高校職員　　　　　　　　　　　　　　　　　　　　　　コラム①

笠原　嘉治　福岡市人権啓発センター人権啓発推進指導員　　　　　コラム②

渡邉　晶帆　福岡大学大学院人文科学研究科博士課程前期　　　　　コラム③

【編者紹介】

植上　一希（うえがみ　かずき）　福岡大学人文学部准教授

東京大学大学院教育学研究科総合教育科学専攻博士課程修了
博士（教育学）
〔主要著書〕
『専門学校の教育とキャリア形成─進学・学び・卒業後』（単著，大月書店，2011年）
『大学生になるってどういうこと？─学習・生活・キャリア形成』（共著，大月書店，
　2014年）

伊藤亜希子（いとうあきこ）　福岡大学人文学部准教授

九州大学大学院人間環境学府発達・社会システム専攻博士後期課程単位取得退学
博士（教育学）
〔主要著書〕
『移民とドイツ社会をつなぐ教育支援─異文化間教育の視点から』（単著，九州大学
　出版会，2017年）
『統合ヨーロッパの市民性教育』（分担執筆，名古屋大学出版会，2013年）

Horitsu Bunka Sha

日常のなかの「フツー」を問いなおす
――現代社会の差別・抑圧

2018年8月5日　初版第1刷発行

編　者	植上一希・伊藤亜希子
発行者	田　靡　純　子
発行所	株式会社　法律文化社 〒603-8053 京都市北区上賀茂岩ヶ垣内町71 電話 075(791)7131　FAX 075(721)8400 URL:http://www.hou-bun.com/

＊乱丁など不良本がありましたら、ご連絡ください。
　送料小社負担にてお取り替えいたします。

印刷：西濃印刷㈱／製本：㈱藤沢製本
装幀：谷本天志
ISBN 978-4-589-03946-0
©2018 K. Uegami, A. Ito Printed in Japan

JCOPY　〈(社)出版者著作権管理機構　委託出版物〉
本書の無断複写は著作権法上での例外を除き禁じられています。複写される場合は、そのつど事前に、(社)出版者著作権管理機構（電話03-3513-6969、FAX03-3513-6979, e-mail: info@jcopy.or.jp）の許諾を得てください。

〈18歳から〉シリーズ ●学問の世界への第一歩

具体的な事象を18歳の目線でとらえ，基礎となるエッセンスを解説。

＊Ｂ５判・カバー巻・100〜120頁

18歳からはじめる憲法〔第2版〕	水島朝穂 著	2200円
18歳から考える人権	宍戸常寿 編	2300円
18歳からはじめる情報法	米丸恒治 編	2300円
18歳からはじめる民法〔第3版〕	潮見佳男・中田邦博・松岡久和 編	2200円
18歳から考える消費者と法〔第2版〕	坂東俊矢・細川幸一 著	2200円
18歳から考えるワークルール〔第2版〕	道幸哲也・加藤智章・國武英生 編	2300円
18歳からはじめる環境法〔第2版〕	大塚 直 編	2300円
18歳から考える日本の政治〔第2版〕	五十嵐 仁 著	2300円

星乃治彦・池上大祐監修
福岡大学人文学部歴史学科西洋史ゼミ編著

地域が語る世界史

Ａ５判・252頁・2500円

グローバル・ヒストリーと地方史の接近をめざし，歴史学から地域の再定位を試みる。「身近な」「せめぎあう」「つながる」3つの地域（11研究）の個性を世界史のなかに位置づけ，そこに生きる人々の歴史を描きだす。

星乃治彦監修
福岡大学人文学部歴史学科西洋史ゼミ編著

学生が語る戦争・ジェンダー・地域

Ａ５判・252頁・2400円

現代の大学生が共同でつくりあげた帝国史アラカルト。帝国と地域をキーワードに様々な観点から考察したゼミ生による研究成果を収録。史学研究の多様性と可能性，そのおもしろさを伝える。

君塚正臣編

大学生のための憲法

Ａ５判・342頁・2500円

法学部専門科目の「憲法」にも教養科目の「憲法」講義にも対応する標準テキスト。重要判例を詳解し，重要語句を強調，参考文献・Web情報を付すなど，学習を深めるための工夫を凝らす。

―――法律文化社―――

表示価格は本体（税別）価格です